좌파와 우파의 개소리들

일러두기

본문 p.153, p.165, p.167, p.169에 인용한 《니코마코스 윤리학》, p.185-186, p.189-190에 인용한 《국역 윤치호 일기 1》은 절판 도서이므로 사용 허락을 받지 못했습니다. 추후 저작권 사용 허락이 필요한 경우 절차에 따라 허락 받겠습니다.

정치적
개인주의
선언

이관호 지음

좌파와 우파의 개소리들

포르*세

당신은 **진보**인가, **보수**인가, 아니면 **중도**인가

개소리를 피할 수 없다

오후 5시, 또 짜증이 밀려왔다.

작년 늦가을로 접어들 즈음이었다. 몇 해 전부터 퇴근 무렵 간헐적으로 시작된 이 감정은 점점 자주, 세게 나타나고 있었다. 직장 내 업무나 인간관계 때문은 아니었다. 상반기에 비해 일은 널널한 편이었고 술을 끊은 후 이런저런 약속을 피해 은둔하다시피 했다. 코로나 이후에는 아예 세계문학을 한 질 구매해서 퇴근 후 고전 읽기의 즐거움에 빠져있던 때였다.

그렇다면 왜일까. 이렇게 단조로운 생활 패턴에서 짜증을 유발하는 범인은 누구란 말인가. 나는 손에 쥐고 있던 스마트폰을 흘겨봤다. 혹시 광고 때문인가 싶었다. 폰을 켜서 접속하는 순간 소비 욕구를 자극하는 온갖 종류의 아우성에 피로감이 누적된 탓이 아닐까. 어떤 방송의 하이라이트나 유튜브를 시청하기 전 광고 건너뛰기 혹은 스킵을 누르려고 계속 신경을 세웠던 것도 한몫했을 테다. 하지만 그것만으로는 설명되지 않았다. 광고는 귀찮기는 하지만 짜증을 유발할 만큼 이상한 정보를 주는 것은 아니기 때문이다.

숙고 끝에 내린 결론은 이렇다. 개소리들 때문이라는 것이다.

디지털 시대는 우리에게 연결의 가치와 함께 각종 편리와 신속함을 선물로 주었지만, 종일 무수한 개소리들을 보고 듣게 했다. 출근길 청취하는 유튜브와 지하철에서 보는 뉴스들, 실시간으로 뜨는 검색어들. 모바일만 없었다면 알지 못했을 쓰레기 같은 정보와 듣지 않았을 헛소리들로 내내 기분이 우울했다. 점심시간에 혼밥을 하면서도 폰을 꺼내 보는 습관이 있어 그 우울함은 심화되었다. 맞다. 혼자여서 우울한 게 아니라 개소리들 때문이었다.

그중에서도 언제나 지속적으로, 한결같이 심기를 건드리는 건 외계 행성과 같은 정치판에서 외계인 같은 인간들이 쏟아내는 소리들이었다. 그러나 안타깝게도 모바일을 버리지 않는 한 이 소리들을 피할 길은 없다.

좌파와 우파, 여당과 야당, 진보와 보수. 이 사람들이 하는 이야기들을 들으면 왜 짜증이 나는 걸까? 잘 들어보면 문제는 그들의 워딩wording이 아니다. 그 워딩이 때와 상황에 맞지 않기 때문이다. 어떤 좋은 말도 상황에 맞지 않으면 개소리가 된다. 창피함과 부끄러움을 모르고 개소리를 뿜어내는 그 자신감은 어디서 나오는 걸까?

글쓰기에는 치유의 효과가 있다. 나는 심해지는 짜증을 해소하기 위해서라도 '개소리들의 원인'을 파헤치기로 했다. 도대체 그들이 떠받드는 진보와 보수의 가치가 무엇인지, 자유와 평등이 무엇인지, 그들은 왜 싸우는지, 그리고 왜 개소리를 해대는지.

본래 예정했던 인문 도서 집필은 1년 미루기로 했다. 그날 밤 이 책을 쓰기 시작했다.

각 그랜저 차주의 애인 만들기

이상형을 물을 때 상대가 머뭇거리면 연예인 중에서 한명 찍어보라고들 한다. 비록 이루어지지 않을 꿈이라도 너무 모호한 질문에는 구체적인 사례가 있어야 대화가 진전된다. 이 질문도 그렇다. 당신의 성향은 진보인가, 보수인가?

지금은 많이 찾아볼 수 없지만 옛날 그랜저의 초기 모델은 외양이 각이 진 형태여서 '각 그랜저'라고 불렸다. 한동안 이 각 그랜저를 고수하던 마니아들이 있었다. 이처럼 경제적

여건을 떠나 첫 차를 잘 관리해서 오랫동안 타고 다니는 걸 생활의 멋으로 여기는 사람이 있다. 반면 몇 년 타다가 중고차로 팔고 계속 최신 모델을 구입하는 이들도 있다. 자가용 구매에 관한 한 전자는 보수적이고 후자는 진보적이라고 할 수 있다.

주제를 연애로 바꾸어 이야기해보자. 헤어진 후에 추억을 떠올리며 오랫동안 새로운 사랑에 좀처럼 마음의 문을 열지 못하는 사람이 있다. 반면 깔끔하게 잊을 수 있어서, 마음의 상처를 빨리 떨구고 싶어서, 혹은 갑자기 생긴 빈자리를 참아내지 못해서 즉각 새 인연을 찾아나서는 사람도 있다. 이유가 무엇이든 연애 성향에서 전자는 보수적이고 후자는 진보적이라고 말할 수 있다.

이제 자동차 구매와 연애 사이의 관계를 살펴보자. 너무 당연한 이야기겠지만 각 그랜저 주인도 얼마든지 새로운 연애를 빨리 시작할 수 있다. 둘의 보수성과 진보성은 서로 아무런 연관이 없기 때문이다.

이번엔 눈을 돌려 사회 이슈를 가지고 생각해보자. 성 소수자, 원자력발전소, 낙태, 특수목적 고등학교, 대북 정책, 기본소득 문제. 나는 이 여섯 가지 쟁점에 대한 나름의 생각이 있다. 그런데 정치권이나 언론에서 통용되는 진보, 보수의 프레임을 적용해보면 3 대 3으로 나뉜다. 시간이 지나면 비율이 바뀌기도 한다. 누군가 왜 당신은 정체성이 모호하냐고 물을 수 있다. 하지만 나는 오히려 다양한 사회문제에 대해 하나의 규격화된 프레임 안에서 모든 대답을 하는(혹은 상대에게 기대하는) 그 사람에게 어떻게 그럴 수가 있는지 물을 것이다.

만약 광화문 퀴어 축제 허용, 원자력발전소 폐기, 낙태 합법화, 외국어고등학교 폐지, 기본소득 실시를 촉구하면서 대북 삐라 살포 반대를 주장하는 이가 있다고 가정해보자. 그리고 그와 함께 놀고 있는 9명을 조사했더니 설문지 여섯 문항에 동일한 답안을 제출했다고 하자. 답이 정해진 수학 문제가 아닌데도 2분의 1의 6승 확률을 10명이 공유하고 있다는 걸 상상할 수 있는가? 그러한 확률에 도달하는 것은 사전에 학습되어 있어야 가능하다. 따라서 이 10명을 지도하는敎 하나의 강력한 종宗이 작용하고 있다고 의심할 수밖에 없다.

위 사안에서 관련성이 있다고 여겨지는 것은 성 소수자, 여성, 가난한 이들 등 상대적으로 소외된(이성애자, 남성, 부자에 비해) 이들을 배려하는 정책들이다. 그러나 원자력발전소 폐기는 소외된 이들이 자유를 획득해가는 과정과 아무런 논리적 연관이 없다. 이들이 같은 답안을 제출할 수 있는 까닭은 비슷한 시기에 사회운동을 하는 이들이 전략적으로 '연대'를 했기 때문이다.

소외된 자에 대한 관심은 다른 시각으로도 접근할 수 있다. 우리는 엄마의 배 속에 있다는 이유로 아무런 입장을 드러내지 못하고 죽어가는 태아와 21세기 모바일 시대에도 거주 이전의 자유가 제한된 북한 주민들의 권리에 대해서 고민할 수 있다. 그러나 위 10명은 그런 생각을 함부로 할 수 없다. 그들을 지도하는 가르침은 태아와 북한 주민을 '소외된 자'의 범주에 포함시키지 않기 때문이다. 이 진영에 있는 사람들이 싸워야 하는 대상은 기묘하게도 여섯 가지 사안에 대해서 정확히 다른 입장을 갖고 있는 상대 진영이고, 이들은 전투를 위한 전열이 흐트러지는 것을 용납하지 않는다.

한편 상대 진영의 답안지를 살펴보면 이들이 날로 먹는다는 생각을 떠올릴 수밖에 없다. 아무런 상상력과 창의력을 필요로 하지 않고 전략적으로 연대한 저들의 답안과 다른 답을 적어만 내면 되기 때문이다.

이처럼 관련성이 없거나 부족해 보이는 것을 모아서 만든 체계를 '진영 논리'라고 부른다.

우리가 정치에 감동을 느끼지 못하는 이유는?

아카데미 남우조연상과 여우조연상 배우를 배출한 영화 〈파이터〉의 소재는 복서 미키 워드와 아투로 가티의 라이벌전이다. 할리우드에서 B급 선수들의 경기에 관심을 가진 데에는 이유가 있다. 삶의 활력이 떨어질 때 유튜브에서 이들의 1차전 하이라이트를 감상해보시길.

이들은 메인 경기 시작 전에 경기를 배정받는 그저 그런 선수들이지만 물러서지 않는 인파이트 스타일로 조금씩 화제가 되었다. 이 둘이 맞붙게 되었을 때 '커트맨 대 커트맨 Cutman vs. Cutman'이라는 홍보 포스터가 걸렸는데, 두 선수가 늘 난타전을 벌여 눈 주위가 찢어지곤 했기 때문이다.

한쪽이 상대를 K.O. 직전까지 몰아치면 다음 라운드에서 반대의 풍경이 펼쳐졌고, 심지어 한 라운드 안에서도 경기를 끝낼 듯 말 듯하는 역대급 혼전을 보여줘 경기 내내 관중들은 자리에 앉아있지 못하고 열광했다. 워드와 가티가 몸 안에 남은 최후의 것까지 쏟아낸 후 12라운드 공이 울리고 서로를 끌어안았을 때, 프로모터는 이미 리매치 일정을 잡고 있었다.

정치판도 B급 선수들의 복싱장이 된 지 오래다. 내부의 논리성도, 완결성도, 플레이어들의 수준도 중요하지 않다. 오로지 커트맨들이 흥행을 주도한다. 언론은 그들을 중계하면서 계속 리매치 일정을 잡아간다. 방송에서 흘러나오는 '국회가 싸움질만 해서 국민들이 정치에 관심이 없어진다'는 말은 사실이 아닐 가능성이 높다. 상대를 밋밋하게 대하면 언론이고 유권자고 가만 놔두질 않는다.

그런데 경기장과 달리 정치판의 커트맨들이 도무지 감동이란 걸 주지 못하는 까닭은 무엇일까? 우선 복싱장은 싸우기 위한 장소이지만 국회는 합의를 위한 장소이기 때문이다.

또 스포츠에는 지켜야 하는 룰이 있지만 정치판에는 규칙이 없거나 무시되기 때문이다. 끝으로 스포츠는 경기가 끝난 후 최선을 다한 상대를 격려하지만 정치는 패자를 밟으려 하기 때문이다.

국민이 대통령을 직접 뽑는다는 내용이 담긴 현재의 헌법이 만들어진 1987년 이후를 돌아보면 진보니 보수니 거창한 명분을 내걸고 정권이 왔다 갔다 했다. 하지만 적어도 나에게는 어느 쪽이 선이고 악인지 딱히 구분되지 않는다. 그러면 아예 진보나 보수라는 완장을 떼고 실력으로만 싸우는 게 어떨까. 민주주의가 어차피 스포츠화되었다면 감동을 선사하는 과정이 조명을 받아야 하지 않을까. 어쩌면 싸움의 결과는 중요하지 않을지도 모른다. 워드와 가티 중 누가 승리자인지 중요하지 않은 것처럼.

그냥 중도로는 이길 수 없다

정치판의 파이터들에게 신물이 나면 그 사이에서 양쪽을 어르고 혼내는 이들이 눈에 띈다. 잠시 조선 시대의 논쟁 하나를 살펴보자.

효종이 돌아가자 어머니인 자의대비가 상복을 어느 기간 입어야 옳은지에 대한 논쟁, 이른바 예송논쟁禮訟論爭이 벌어졌다. 당시엔 《주자가례朱子家禮》라는 일종의 예절에 대한 교과서가 있었는데, 장남 사망 시에는 3년, 차남의 경우는 1년 간 어머니가 상복을 입어야 했다. 서인은 효종이 인조의 차 남이므로 1년 상을 치르면 된다고 했고, 반면 남인은 임금이 니 장남에 준해야 한다며 3년 상을 주장했다. 결국 서인의 주장이 받아들여졌다.

시대마다 중요하게 여기는 가치가 다르니 왜 그리 진지 하게 이 논쟁을 벌였는지는 여기서 궁금해하지 말자. 다만 누군가 대략 2년 정도 하는 게 좋겠다고 말했으면 어떤 반응 이 돌아왔을까? 물론 그런 무지하고도 위험한 제안을 한 이 는 없었다. 위 경우는 가례의 조항을 장남을 기준으로 적용 할지, 차남을 기준으로 적용할지의 논쟁으로 중간이 없었다. 한쪽이 이기고 한쪽은 지게 되어 있다. 그 결과 정계에 피비 린내 나는 국면 전환(이른바 환국)과 2차 예송논쟁, 그에 따른 보복이 이어졌다.

《주자가례》에 의해 형성된 1년, 3년 프레임에서 중간은 애초에 설계되어 있지 않다. 선악 구도의 캐릭터들만 정해져 있는 게임에서 없는 캐릭터가 나서봐야 캐스팅보다 이상의 힘을 가질 수 없다. 이 논쟁에서도 "서인 너 나빠.", "남인 너 도 나빠."라고 꾸짖을 수는 있지만, 꾸짖는 이가 정국을 주도 할 수는 없다.

진보도, 보수도 아닌 중도가 성공적인 정치 세력, 즉 제3 지대가 되기 위해 해결해야 할 과제는 본문에서 다루었다.

정치적·사회적 개인주의를 향해서

훈련소에 입소한 첫날이 떠오른다. 나를 포함한 입소자들이 가족들과 짜장면을 먹고 헤어져 연병장에 집결하자마자 군대에서 한 일은 신병들을 종교로 나누는 것이었다. 지휘관은 먼저 군사훈련을 거부하는 것으로 알려진 여호와의 증인이 있으면 앞으로 나오라고 했다. 한 명이 나갔고 그는 순순히 영창으로 끌려갔다. 그다음 천주교, 개신교, 불교로 '헤쳐 모여'를 했는데 아무 쪽에도 가지 않고 멀뚱히 서있던 전우들이 있었다.

지휘관이 "너희들은 뭐야?"라고 묻자, 그들은 대략 자신은 종교가 없네, 남들이 잘 모르는 종파네 하는 이야기를 했던 것 같다. 이후 그들은 지휘관의 "이런 박쥐 같은 녀석들!"이라는 말과 함께 최초의 얼차려를 받은 후 뒤늦게 세 곳 중 하나로 달려갔다. 당시 군대에서는 다른 종교를 가질 권리도, 그냥 아무 종교 없이 살아갈 권리도 주어지지 않았다.

군대가 사회의 축소판일지 모른다. 당신은 20살쯤 유권자가 된 후 몇 번이나 투표장에 가보았는가. 그리고 지금까지 어떤 기준으로 표를 행사했는가. 나도 모르는 사이 정치판에 누군가가 그어놓은 구획에 들어가서, 저 악의 세력이 설치는 것만큼은 막아야 한다는 분노를 기준으로 삼지는 않았는가. 글쎄, 그 세력의 집권을 막았다고 해서 특별할 것도 없었으니 이제 그런 짐은 내려놓는 게 어떨까.

어느 쪽으로도 달려가지 않고 연병장에 홀로 남은 박쥐 같은 존재가 되어도 좋다. 아니, 오히려 그래야 '온전히 당신의 눈으로' 세상을 바라볼 수 있다. 그렇게 하면 세상이 어떻게 되는 것 아니냐고 걱정할 필요는 없다. 민주주의 시스템이 박쥐들의 민의를 모아서 방향을 제시할 것이다. 진영에서 제공하는 매뉴얼이 없다고 불안해할 필요도 없다. 인류가 남긴 여러 미덕이 홀로 남은 당신의 현명한 의사 결정을 도와줄 것이다. 이 책에서는 '중용'의 덕목을 제시하였다.

개소리가 들리면 잠시 두리번거린 후 가던 길을 가자.

당신은 그저 당신일 뿐이다.

이관호

차례

1장 대한민국 보수도 틀렸고 진보도 틀렸다

중은 먼저일까 나중일까 | 중은 언제나 우리 곁에 있었다 | 시중, 정치인에게는 더욱 중요하다

3 '근대화'를 다시 보다
대원군과 김옥균, 누가 옳았을까?

대원군 때문에… | 갑신정변은 왜 실패했을까? | 그들의 개화와 독립, 그리고 일본

4 '친일'을 다시 보다
어느 친일파의 일기

그의 일기에는 역사가 담겨있다 | 일본을 향한 양가감정 | 실력양성운동은 무엇인가 | 우익 친일파가 더 많은 까닭 | 1931년, 1937년 고비의 순간에 그가 있었던 곳 | 시간을 기억하는 방법

5 '정당'을 다시 보다
독재자의 후예, 토착 왜구, 종북 좌파를 어떻게 이해해야 할까?

'군부독재 후예'의 탄생기 | '토착 왜구'의 탄생기 | '종북 좌파'의 탄생기

6 '부동산'을 다시 보다
정도전의 정신은 남아있는가

1391년, 정도전이 토지 개혁에 담은 정신 | 1941년, 일제강점기 조소앙의 삼균주의 | 1946년, 좌우합작 7원칙의 토지 개혁 | 1950년, 이승만 정부의 농지 개혁 | 2021년, 그들의 정신은 남아있는가 | 당신의 목소리를 원한다

1장

대한민국 보수도 틀렸고
진보도 틀렸다

1

원피스와 백바지의 자유

좌우의 기본 이념,
자유와 평등은 무엇인가?

지금 통용되는 진보와 보수 개념은 서구에서 18세기 이후 형성되었다. 이 두 이념을 관통하는 두 가지 가치가 있다. 바로 자유와 평등이다. 따라서 진보와 보수가 무엇인지 알아보기 전에 자유와 평등의 의미, 그리고 둘 사이의 관계를 이해해야 한다. 이때 한 가지 오해를 피해야 한다. 진보와 보수는 대립하는 개념이지만 자유와 평등은 그렇지 않다.

진보든 보수든 자유가 필요하다

21대 국회 최연소 의원이 본회의에 분홍색 원피스를 입고 나와서 말들이 많았다. 사람들은 비슷한 사건을 떠올렸다. 예전에 보궐선거로 당선된 한 정치인이 새하얀 면바지 차림으로 선서를 하러 나왔다가 야유를 받아 이튿날 '제대로' 정장을 입고 다시 선서를 한 적이 있다. 국민의 대리인이 모인 국회가 보통의 직장과 달라야 할 이유가 있을까. 다만 그녀의 원피스는 직장에 늘 입고 오기에는 부담스러운 나들이풍이었고 그의 백바지는 지금도 어디서 보기 힘든 패션이긴 했다.

이런 개성의 단위를 민족이나 국가로 확장했을 때 기억나는 장면이 있다. 바로 1988년 서울 올림픽 개막식이다. 지금도 올림픽에는 '개막식은 질서 있게, 폐막식은 자유롭게' 진행한다는 관례가 있다. 그런데 당시 개막식에서 미국 선수들은 사전에 합의한 듯 축제 분위기를 유도하면서 TV 카메라 앞에서 얼굴을 들이밀며 희희낙락했고, 행진 중에 서로 사진을 찍어주기 바빴다.

군부독재 정권 주도로 수년간 엄숙히 올림픽을 준비했던 한국 관중의 얼굴은 우려 반 놀라움 반으로 가득 찼다. 외신기자들도 '50여 명이 트랙을 벗어났다'며, '행진을 늦게 해 뒤따라오던 바레인 팀을 방해한 것 아니냐'는 등 질문을 쏟아부었다. 미국 선수들이 당시 변방의 속국이나 다름없던 한국 관중을 무시한 것 아니냐는 말도 있었다. 이처럼 자유, 개성을 추구하다 보면 뒷말이 따라오기 마련이다.

국회에서의 복장이든 개막식에서의 태도든, 자유의 추구에는 기존 전통에 대한 저항 의식이 깔려있다. 그리고 바로 이것이 개혁, 혹은 진보의 토대가 된다. 존 스튜어트 밀John Stuart Mill은 자신의 저서 《자유론》에서 이렇게 말했다.

"진정한 개혁을 가능하게 해주는 유일하게 확실하고 영속적인 원천은 자유다."

그런데 밀은 자유가 개혁과 진보를 반대하는 정신으로도 작용할 수 있다고 말했다. 세로쓰기를 예로 들어보자. 작가 이문열은 세로쓰기가 옳다고 주장하지는 않았지만, '언젠가 한문이 노출된, 세로쓰기의 책도 펴낼 계획이 있다'라고 한 적이 있다.

전통적으로 한·중·일 모두 세로로 글을 썼고 일본은 지금도 세로로 많이 쓴다. 하지만 현재 우리나라는 가로로 글을 쓴다. 신문의 가로쓰기는 1988년 한겨레신문이 가로쓰기를 시행하면서 시작했는데, 이후 10년 새 모든 신문의 글이 가로쓰기로 바뀌었다. 가로쓰기를 시작한 날 중앙일보에는 '사람의 눈은 세로가 아니라 가로로 붙어있으므로 가로쓰기를 해야 한다'는 내용의 시사 만화가 실렸다. 어떤 이는 '세로쓰기는 수직적 계급사회의 유산이라 평등사회에서 어울리지 않는다'는 논리를 내세우기도 했다.

어쨌든 가로쓰기와 세로쓰기에 선악의 구분이 있을 리는 없다. 혹시 이문열 작가가 편집자의 반대를 무릅쓰고, 혹은 편집자와 논의해 복고풍 전략으로 세로줄 소설을 출간한다면 그 또한 강한 개성과 자유의 표출이라고 할 수 있다. 이처럼 개혁의 원천도 자유고 그것을 거부하는 정서의 원천도 자유다. 다시 말해 자유는 진보와 보수의 발상에 공통적으로 적용되는 토대다.

우리나라에서 이해하는 자유란

개혁과 진보의 원천이 자유라고 할 때 이상한 점이 하나 있다. 우리나라의 진보 진영은 '자유민주주의'라는 말을 꺼린다. 왜일까? 그들은 타는 목마름으로 "민주주의여, 만세!"를 외쳤고, 이는 자유에 대한 열망 때문이었을 텐데, 민주주의와 자유의 조합에는 왜 알레르기 반응을 보일까.

노무현 정부 때인 2007년, 교과서 집필 기준이 처음 생겼다. 이에 따라 교과서에는 '자유민주주의' 대신 '민주주의'라는 용어가 쓰였다. 2011년 이명박 정부는 2009 개정 교육과정을 수정하면서 '민주주의'를 '자유민주주의'로 수정했다. 정권의 정체성에 따라 자유를 붙였다 뗐다 했던 셈이다.

이는 우리나라 정치권에서 '자유'라는 말이 민주주의와 조합될 때면 사실상 '반공'과 같은 의미로 사용되었기 때문이다. 즉 진보 진영은 자유를 싫어하는 게 아니라 '자유민주주의'가 '반공민주주의'로 들리기 때문에 싫어한다.

하지만 미국은 리버럴liberal(자유), 리버럴리즘liberalism(자유주의)의 의미를 우리와 다르게 이해한다. 이 단어들에는 18세기 말 미국독립혁명의 정신이 투영되어 있다. 따라서 미국의 자유와 자유주의는 노예해방, 소수자의 권리 증진 등 인권의 확산이나 복지와 관련한 개혁과 연관되며 진보의 성격을 띤다. 이에 대립하는 용어는 보수주의라고도 하는 컨서버티즘conservatism이다. 미국 남북전쟁 당시 보수는 노예해방을 반대하는 남부의 정서를 대변했다. 이것이 미국 내에서 자유주의가 진보 진영의 언어로 강하게 활용된 역사적 배경이다.

반면 영토 내에서 공산주의와의 극심한 충돌을 경험한 우리는 달랐다. 자유주의는 공산주의와 대립하는 개념으로 정착해서 공산주의는 진보, 자유주의는 보수 이념으로 작동했다.

뒤늦게 드러난 자유와 평등의 갈등

최근 국민이 가장 큰 관심을 가지는 부문이 경제여서일

까? 우리는 '평등'이라고 하면 국가가 형편이 어려운 사람들에게 돈을 나누어주는 장면을 쉽게 떠올린다. 그래서 자유를 '개인의 재산을 되도록 국가에 빼앗기지 않는 것', 평등을 '국가가 그들로부터 최대한 세금을 걷어가는 것'으로 이해하곤 한다. 혹은 자유 vs. 평등, 나아가 자유 vs. 공정처럼 자유를 평등, 배분, 공정과 대립하는 것으로 이해하기도 한다.

그러나 본디 자유와 평등은 대립하는 개념이 아니다. 1789년의 프랑스혁명을 떠올려 보자. 민중은 혁명이 성공하면 자유와 평등이 패키지로 따라오리라고 여겼다. 민중이 왕과 귀족에 저항을 한 이유는 그들의 압제로부터 자유를 획득해 만민이 평등해지겠다는 생각 때문이었다. 미국의 독립혁명도 영국의 지배에서 벗어나 그들과 대등하고 평등한 관계를 갖겠다는 선언이었다. 우리가 일제에 저항해 싸운 것도 마찬가지다. 이처럼 평등해지려면 먼저 자유를 획득해야 한다. 하지만 자유를 얻어서 평등해지겠다는 생각은 순서를 바꾸어서 이해할 수도 있다.

예를 들어보자. 아버지가 아이에게 처음 게임을 알려주면 아이는 세상에 오직 그 게임 하나만 있는 줄 알고 달려든다. 곧 아이는 온라인 스토어에 무궁한 게임의 세계가 있다는 걸 알게 되어 아버지에게 게임 시간을 늘려줄 것을 요구한다. 하지만 아버지는 교육적 의무와 전자파가 아이에게 끼칠 영향 등을 고려하여 한정된 시간만 허락한다. 정해진 시간이 끝나 게임기를 끌 때의 분위기는 자못 험악하다.

아이는 아버지라는 압제자가 없으면 하루 종일 게임을 할 자유를 얻을 것이다. 그럼에도 아이가 압제를 받아들이는 이유는 아버지와 내가 평등하다고 생각하지 않기 때문이다. 만약 친구가 게임을 방해했다면 아이의 반응은 달랐을 것이다. 결국 압제자가 우리와 평등하다고 생각될 때 압제에 저항하고 자유를 쟁취하려는 의지가 생긴다고 할 수 있다.

이처럼 자유와 평등의 개념은 서로에 의지해서 정의된다. 자유주의의 의미를 좀 길게 풀어보자면 '자유를 얻어 평등해지려는 주의', 혹은 '평등 의식을 바탕으로 자유를 얻으려는 주의'라 할 수 있다. 평등은 '자유를 골고루 나누어 갖는 것'으로 정의할 수 있다.

하지만 우리는 프랑스혁명의 성공 이후에야 자유와 평등이 함께하는 게 녹록하지 않다는 사실을 알게 됐다. 사회주의, 공산주의가 자유주의보다 나중에 생긴 까닭이다.

'나'가 있어야 자유와 평등이 있다

고추장 없는 비빔밥을 상상할 수 있나? 고추가 단군 할아버지 때부터 있었다고 아는 사람들이 있는데 사실 고추는 조선 후기에 유입된 식재료다. 밥에 고추장을 넣어 비벼 먹는 일도 그 이후에나 가능했을 것이다.

음식 개발과 용어 사용은 비슷한 구석이 있다. 어떤 재료의 맛을 알아야 그 맛을 활용한 요리를 개발할 수 있듯, 언어도 활용하지 않으면 그에 관한 사유를 진전시킬 수가 없다. 自由(자유)와 平等(평등)은 19세기 말에 일본에서 들여온 말이다. 물론 일본도 서양의 liberty와 equality를 번역하기 위해 단어를 만들었다. 따라서 전통 시대 동아시아의 문헌 데이터에서 이 두 단어는 검색되지 않는다. 우리는 自와 由, 平과 等만을 썼을 뿐이다.

그렇다면 서양에서 자유와 평등이라는 근대적 가치는 어떤 배경에서 형성되었을까? 먼 옛날에는 자유나 평등에 대한 의식이 없었다는 말인가? 글쎄, 있기는 있었을 테지만 오늘날처럼 그 맛을 제대로 알지는 못했을 것이다.

고대 철학자 아리스토텔레스가 말한 '인간은 정치적 political 동물이다'라는 표현을 떠올려보자. 이 말은 폴리스 police(고대 그리스의 도시 국가)를 떠난 인간은 권리도 정의도, 심지어 개인의 행복조차 가능하지 않다는 의미다. 각각의 인간보다 공동체와 사회를 우선한 사고방식이다. 이에 비해 '개인과 인권에 대한 발견'을 근대의 특징이라고들 이야기한다.

그런데 근대 철학의 역사에서 자유와 평등 의식의 실마리를 찾으려면 데카르트를 언급하지 않을 수 없다. 그는 의심할 수 없는 진리를 찾은 후 그것을 출발점 삼아 철학을 하고 싶어 했다. 데카르트는 당연한 모든 것을 의심하고 의심했다. 그 결과 결코 의심할 수 없는 분명한 진리를 하나 발견했다.

"나는 지금 의심(생각)하고 있다. 따라서 지금 나는 존재한다."

지금은 너무 당연한 말이어서 철학사에 기록된 사건이라는 것조차 어처구니없게 느껴질 수도 있다. 하지만 이는 우리가 '비빔밥에는 당연히 고추장을 넣어야지'라고 생각하는 것과 비슷하다. 고려 때만 하더라도 고추장은 당연하지 않았다. 고추가 없었기 때문이다. 고추를 새롭게 인식한 뒤에 이를 개발하고 쭉 발전시켜왔기에 당연한 것이 되었다. '나'라는 개인을 인식하는 틀도, '이성'이란 것을 대하는 태도도 그렇다. 데카르트의 발견은 전에 없는 새로운 인식이었다.

중세 사람들은 현명함과 탁월함이 신의 것이라고 믿었고, 인간의 이성은 불완전하다고 여겼다. 하지만 데카르트는 인간의 이성을 신이 하사한 신의 현명함과 탁월함이라고 규정했다. 이제 인간의 이성은 신적인 것이 되었다. 내가 신으로부터 부여받은 이성을 잘 갈고 다듬어서 활용한다면 신이 창조한 이 세계의 비밀을 풀어낼 수 있으리라, 역사의 진보를 이루어낼 수 있으리라. 이것이 개인의 발견, 즉 개인주의에 대한 철학의 설명이다.

　자존감을 떠올리는 순서도 마찬가지다. 우선 '나'라는 개인을 인식해야 한다. 이것이 기반이 되어야 나에게 권리가 있는지, 있다면 무엇이 있는지 등을 고민할 수 있고, 더 나아가 성숙한 개인의 의식인 자존감까지 생각을 확장할 수 있다. 타인과 내가 본래 평등하다는 천부인권도 그 때문에 만들어졌다. 이처럼 개인의 발견이라는 토대 위에 자유, 평등, 인권은 패키지 상품처럼 나란히 놓여 있다.

○ 자유는 개혁과 진보의 원천이다. 보수의 전유물이 아니다.

○ 애초에 자유와 평등은 함께 형성된 개념이다. 서로에게 의존한다.

○ 한국의 진보가 '자유민주주의'를 꺼리는 이유는, 이 용어에서 자유가 반공을 의미한다고 생각하기 때문이다.

○ 자유와 평등은 근대에 형성된 가치이고 개인에 대한 발견, 즉 개인주의에서 비롯되었다.

2

"뭐, 당신에게 피해 준 거 있어?"

존 스튜어트 밀,
좌우가 말하는 자유의 차이는?

앞서 진보와 보수의 개념적 토대가 되는 자유와 평등이 무엇인지 살펴보았다. 진보와 보수가 싸울 때 공통으로 끌어 쓰는 고전이 있다. 바로 존 스튜어트 밀의 《자유론》이다. 이번에는 《자유론》에서 말하는 자유에 대한 심층적인 논의를 통해 진보와 보수가 무엇인지 알기 위한 기초적인 가닥을 잡아볼 것이다. 그리고 밀의 사유를 소개하면서 국내에서 쟁점이 된 사회현상 몇 가지를 필자가 이해한 밀의 관점으로 판단해보겠다.

자유는 어디까지 허용되어야 할까?

"당신에게 피해 준 거 있어?"

길에서 싸움이 날 때 익숙하게 들리는 소리다. 내가 내 마음대로 하고 싶은 일을 하고 있는데 당신이 뭔데 끼어드느냐, 왜 고깝게 쳐다보느냐는 유치하고 날이 선 말에 자유의 기본 정신이 깔려있다. 심지어 프랑스 인권선언문에도 기재되어 있다.

제4조. 자유는 타인에게 해롭지 않은 모든 것을 행할 수 있음이다.

풀어야 할 문제는 따로 있다. 어디까지가 피해인가. 간접적인 피해도 피해인가. 주관적으로 불쾌한 느낌이 드는 것도 피해인가. 다음은 마약사범들이 법정에서 호소하는 공통된 말이다.

"내가 남의 물건을 훔쳤나, 누구를 때렸나, 강간을 했나?"

집에서 조용히 대마를 재배해서 혼자 피웠을 뿐 아무에게도 피해를 끼치지 않았다는 논리다. 유사한 경우를 하나 더 보자. 한 남성과 한 여성이 아무도 알지 못하는 조용하고 은밀한 곳에서 만나 완벽한 합의 하에 성관계를 했다. 단지 돈을 주고받았을 뿐이다. 누구에게 피해를 끼쳤단 말인가.

이 때문에 존 스튜어트 밀은《자유론》에서 '공공연히 행사하지 않는' 마약 흡입이나 성매매까지 막을 건 아니라고 했다. 하지만 현행법에서 사적인 도박, 마약, 성매매의 자유를 허용하지 않는 까닭은 그 좋지 않은 행위가 공공연해질 것을 우려하기 때문이다. 결국 자유에 대한 논의의 핵심은 '자유를 어디까지 허용할지', 즉 '경계선을 어디에 그을지'다. 밀은《자유론》을 집필한 이유를 '사회가 개인에 대해 합법적으로 행사할 수 있는 권력의 본질과 그 한계에 대해 다루고 싶어서'라고 했다. 이러한 입장을 현실에서 어떻게 적용할 수 있을까? 다음에서 논의해보자.

〈선행학습 금지법〉, 국가가 학습을 제한할 수 있을까?

〈공교육 정상화 촉진 및 선행교육 규제에 관한 특별법〉, 줄여서 '선행학습 금지법'이라고도 불리는 이 법은 금지의 대상이 학습이다. 선행이든 후행이든 학습은 무언가 필요한 것을 배우는 것이다. 나쁜 내용을 배우는 것이 아닌 한, '배우는 행위'를 국가가 제한할 수 있을까? 호된 비난을 받았던 유치원 영어교육 금지 방침을 돌아보자. 국가에서 영어를 배우는 연령을 초등학교 3학년으로 규정해놓았으니, 유치원에서 영어를 배우는 것은 선행학습이며, 이를 규제하겠다는 것이다.

만약 밀이 사교육의 폐해를 막고 공교육을 정상화하겠다는 법안의 취지를 보았다면 어떻게 생각했을까? 그는 당시 금주법과 같은 규제에도 문제를 제기했다. 음주가 일으키는 사회의 여러 해악에도 불구하고 술을 마실 개인의 자유에 대한 국가의 개입은 곤란하다는 입장이었다. 따라서 밀이 금하는 '남에게 피해를 끼치는 행위'란 다분히 직접적으로 가해지는 경우에 한정된다. 마약, 성매매, 음주에 대한 그의 서술을 고려할 때, 선행학습이라는 개인의 자율적 선택에 대해 국가가 어떤 태도를 취해야 한다고 생각했을지 추론하는 것은 어렵지 않다.

누구의 자유를 우선해야 할까?

밀은 어떤 이들의 자유가 사회에 피해를 입혔는지 아닌지 모호할 때는 이렇게 하라고 제안한다.

"사회에 어떤 해악을 끼쳤을 것이라고 막연히 추정되는 경우에는, 사회가 인간의 자유라는 좀 더 큰 이익을 위해서 그런 불이익 정도는 충분히 감수할 수 있어야 한다."

어지간하면 제약보다 허용의 손을 들어주려는 경향을 보

인다. 이러한 경향성이 바로 자유에 '주의'를 붙인 자유주의라고 할 수 있다. 따라서 자유주의는 소수자들에게 든든한 이론적 무기가 된다.

한국의 마이너리티들은 귀찮게도 '왜?'라는 질문에 자주 노출된다. 예를 들어보겠다. 지금이야 휴대폰 번호 첫 세 자리가 010으로 통일되어 있지만 예전에는 다른 앞 번호를 사용했었다. 011, 016, 017, 018, 019. 이 추억의 번호 중에서 018 이용자가 가장 적었고 나는 그 무리에 속해있었다. 항간에 018은 전화가 잘 안 터진다는 괴소문이 있었지만 018 족들은 큰 불편함 없이 사용해오던 터였다.

어느 날 누가 소개팅을 하라며 상대방의 번호를 알려줘서 전화로 인사를 나눴다. 그런데 내 발신 번호를 확인한 그녀의 뒤이은 목소리.

"어머, 근데 웬 018?"

통신비를 대신 내주는 것도 아니고, 내가 뭐 피해준 거 있어? 하마터면 소개팅이 무산될 뻔했다. 만나보니 그녀는 예상대로 발랄하고 쿨한 011족이었고, 만남의 과정이 어땠든 결론적으로 그날 기분 좋은 대화를 나눴다.

한국에서 마이너리티는 이런 종류의 여러 '왜?'를 접한다. 밀은 자유를 누리기 위해서는 무엇보다 개성individuality이 존중받아야 한다고 믿었다. 자신에게 피해가 오지도 않는데 다른 사람의 행동에 함부로 이래라 저래라 하는 건 오지랖이라고 했다.

좁은 영토 탓이라고들 하지만, 한국처럼 이런 측면의 자유주의가 취약한 사회도 없을 것이다. 오지랖은 문화현상이어서 GDP 증가와 별 상관이 없다. 우리는 잘살게 되면서 개성을 많이 표출하게 되었다. 하지만 타인의 사적인 삶의 현재와 과거, 이를테면 어느 대학을 나왔는지, 초혼인지 재혼인지, 소유한 자가용은 무엇인지, 통장에 얼마가 있는지 등을 궁금해하는 습성은 변하지 않았다. 왜 결혼을 안 하냐, 왜 아이를 안 낳냐, 왜 둘째를 안 낳냐. 나도 이 세 질문을 많이 받아봤다. 성격이 좋다고 자부하는 나는 배려의 질문으로 받아들이지만 그렇지 않은 사람도 많다. 이제 밀의 관점에서 다음 사례를 살펴보자.

광화문 퀴어 축제,
누구의 자유가 우선할까?

서울광장에서 펼쳐지는 퀴어 축제는 어떨까. 축제를 펼칠 자유에 대해 인터넷 댓글로 늘 등장하는 말이, '그들을 거부할 자유는 왜 무시되어야 하느냐'는 것이다. 거부를 외치는 사람들은 퀴어 축제가 자신들에게 정서적으로 불쾌감을 주고 아이들과 사회에 좋지 않은 영향, 즉 피해를 끼친다고 생각한다.

축제를 즐길 자유와 그것으로 피해를 받는다고 여기는 사람들의 권리가 충돌할 때, 누구의 자유가 우선할까? 앞에서 인용했듯이, 아마도 밀은 '자유라는 좀 더 큰 이익을 위해서 그런 불이익 정도는 감수해야 한다'고 생각했을 것이다.

우리 사회에 '왜' 시리즈가 많은 까닭은 삶의 길에서 어떤 표준적인 모델을 정해놓고 강요 혹은 권유하는 좋지 않은 습성이 있기 때문이다. 이런 곳에서 성 소수자들이 살아가는 것이 얼마나 어려울지 어렵지 않게 짐작할 수 있다. 《자유론》에 성 소수자에 대한 언급은 없다. 하지만 나는 다음 대목에서 밀이 그들의 자유에 대해서도 관대했을 것으로 짐작한다.

"신들에게 잘못한 일들은 신들이 알아서 처리하게 해야 한다. 자신이 종교적으로 옳다고 생각하는 행동들을 다른 사람들도 하게 할 의무가 부여되어 있다는 신념은 인류 역사 속에서 지금까지 저질러진 온갖 종교적인 박해의 토대였다."

동성애, 차별금지법, 퀴어 축제 등을 가장 거세게 반대하는 단체들은 종교 단체다. 몇몇 종교에서 동성애는 악한 행위로 규정되기 때문이다. 밀은 동성애가 단지 교리에 어긋난 것이어서 문제라면 현실에서는 자유를 허용하고 나중에 신이 심판하게 할 것을 제안한다.

비록 한 사람의 헛소리라도 무시해서는 안 된다

디지털 시대의 가장 큰 취약점 중 하나는 모바일을 통해 하루에도 여러 '개소리'들을 보거나 들어야 한다는 점이다. 21세기의 사피엔스들은 편리함의 대가로 매일 이 고통을 감내하고 있다. 19세기를 살았던 밀은 우리의 고통을 이해할 수 없겠지만 이런 메시지를 건네면서 우리를 진정시킨다. 《자유론》에서 가장 유명한 대목이다.

"온 인류가 한 사람을 제외하고 동일한 의견을 갖고 있고 오직 한 사람만이 반대 의견을 갖고 있다고 해서, 강제력을 동원하여 그 한 사람을 침묵시키는 것은 권력을 장악한 한 사람이 강제력을 동원해서 인류 전체를 침묵시키는 것만큼이나 정당하지 못하다."

이제 밀의 관점에서 다음 사례를 살펴보자.

> ### '5·18 특별법'과 〈국가보안법〉 제7조, 목소리를 막는 법이 과연 옳을까?
>
> '5·18 특별법'이라고도 불리는 〈5·18민주화운동 등에 관한 특별법〉은 '5·18민주화운동에 대한 허위사실을 유포한 자는

5년 이하의 징역 또는 5,000만 원 이하의 벌금에 처할 것'을 명시하고 있다. 하지만 남들과 다른 목소리가 광주항쟁의 명예를 훼손하고 다수의 심기를 불편하게 만든다고 해서 그 목소리를 힘으로 누르는 법을 특별히 만들 필요는 없다. 밀의 말에 따르면 이 법의 제정이 5·18의 가해자인 독재자가 국민 전체를 침묵시켰던 것 못지않은 잘못이 될 수 있기 때문이다. 특별법을 만들지 않아도 다수의 지지를 받지 못하는 목소리는 도태되기 마련이고 어떤 정당이 그런 목소리에 동조했다가는 정치적 책임을 지게 될 것이다.

유엔의 폐지 권고를 받아온 〈국가보안법〉 제7조의 경우도 마찬가지다. '국가의 존립·안전이나 자유민주적 기본질서를 위태롭게 한다는 점을 알면서 반국가단체나 그 구성원 또는 그 지령을 받은 자의 활동을 찬양·고무·선전 또는 이에 동조하거나 국가변란을 선전·선동한 자는 7년 이하의 징역에 처한다.'에서 '찬양·고무·선전·동조' 등은 권력을 남용하여 인권을 유린하기에 좋은 용어들이다.

어떤 사람이 김일성의 일대기를 보고 감명을 받아서 공공연히 김일성을 찬양 및 고무한다고 하자. 이것은 한국전쟁으로 피해를 입은 사람과 가족들을 불편하게 만들 것이다. 그러나 한 개인이 어떤 사람을 좋아하고 싫어하는 데 무슨 이유가 있겠는가? 법으로 김일성 팬클럽 개설을 막는다고 해서 양심을 막을 수는 없다. 또 "나 누구 좋아."를 이야기했다고 해서 처벌한다는 것은 논센스다. 만약 어떤 정당에서 다수의 심리를 불편하게 만드는 입장에 동조한다면 그 나름대로 선거를 통해 정치적 책임을 지면 될 일이다.

다른 문화에 대한 간섭이 허용될까?

어떤 집단이 미개해 보인다는 이유로 함부로 불평하거나 교화하려 해서는 안 된다. 그것도 그들의 자유다. 밀은 악법으로 고통받는 것처럼 보이는 사람들이라도 그들이 '스스로 만족하는 한', 따라서 '도움을 요청하지 않는 한' 개입해서는 안 된다고 말한다. 밀은 당시 일부다처를 허용했던 미국의 일부 지역에 대한 비난과 간섭에 대해서도 '그 안에 있는 사람들이 문제가 없다고 하는데 왜 밖에서 오지랖이냐'는 반응을 보였다. 아래 사례도 같은 선상에서 생각해볼 수 있다.

> 보신탕과 북한 인권 문제,
> 어디까지 말할 수 있을까?

1984년 2월 28일의 뉴스에서는 '서울 시내 전역에서 보신탕, 뱀탕, 개소주, 토룡탕(지렁이탕) 등을 파는 것이 일체 금지된다'고 보도했다. 예전에는 그런 음식을 파는 식당들이 꽤 있었나 보다. 아시안게임과 올림픽을 앞두고 정부가 취한 조치였는데, 당시는 독재정권 때라 국가 행사가 우선이어서 다들 찍소리 못하고 협조했다.

당시 프랑스 배우 브리지트 바르도의 한국 개고기 문화에 대한 지속적인 비판은 우리를 상당히 불편하게 했다. 당시 우리나라에서는 "메뚜기도 먹는 것들이 왜 우리한테 뭐라고 해?"라는 반응을 보였다. 지금은 우리나라에도 애견인이 많아져 꽤 생각이 바뀌었고 그런 식당들은 거의 보이지 않는다. 어쨌든 밀에 따르면 바르도는 의견을 표명할 자유는 있지만 타 문화의 폐기를 압박할 자유는 없다.

북한의 인권 상황에 대한 비판은 어떻게 보아야 할까? 밀의 문화상대주의에 입각할 경우, 한반도 북쪽의 사람들이 어떻게 살아가든 비난할 필요는 없을 것이다. 다만 밀의 상대주의는 '다수의 사람이 만족한다'는 전제를 갖고 있어서 '북한 주민이 스스로를 어떻게 생각하느냐'가 중요한 판단의 기준이 된다. 일제강점기를 돌아보자. 그때 우리는 원치 않게 일제의 지배를 받았고, 다른 국가에서 우리 민족의 문제에 관심을 기울여주기를 애타게 바랐다. 군부독재 치하에서도 마찬가지였다. 당시 많은 국민이 국제사회가 정부에 압력을 넣어 억압받는 우리의 인권을 보장해주기를 원했다. 만약 이처럼 북한 주민의 다수가 현 상황에 만족하지 못하고 있다면 우리는 그제야 그들의 자유에 대한 문제를 이야기할 수 있을 것이다.

진보의 자유와 보수의 자유 이해하기

이처럼 밀의《자유론》은 출간 당시에는 진보 진영의 텍스트였지만 오늘날에는 보수와 진보 모두가 끌어다 쓴다. 그렇다면 보수와 진보가 상정하는 '자유'의 콘셉트는 어느 지점에서 다를까?《자유론》의 차례를 살펴보면 알 수 있다.

2장. 생각과 토론의 자유

3장. 개성individuality: 행복한 삶을 위해 중요한 요소

4장. 사회가 개인에게 행사할 수 있는 권한의 한계

생각의 자유와 개별성에 대해 이견이 있을 리는 없다.《자유론》에서 쟁점이 되는 부분은 4장, 즉 '사회나 국가가 개인에게 행사하는 규제는 어디까지 가능한가'이다.

밀은 이를 설명하기 위해 두 부류를 소개한다. 하나는 정부의 개입으로 좋은 결과가 나오거나 사회악이 고쳐질 것으로 보이는 경우 정부 간섭을 촉구하고 나서는 사람들. 다른 하나는 삶에서 정부의 통제를 받는 영역이 하나 더 늘어나는 것보다는 사회악을 어느 정도 감수하는 사람들이다.

밀은 스스로 어느 쪽이라 명확히 언급하지는 않지만, 그가 정부의 간섭이 낳는 여러 부작용을 우려한 것만큼은 분명하다. 국가가 선의로 행동하더라도 개입해서는 안 될 문제에

엉뚱하게 개입할 수도 있고, 잘못된 방식으로 개입할 가능성이 높다는 것이다. 이는 머릿속 구상과 현실의 적용 사이에는 거리가 있다는 뜻인데, 후술할 보수의 입장과 상통한다.

'국가가 어디까지 간섭할 수 있는가?'를 경제 정책과 복지 정책으로 가져와 보자. 큰 정부와 작은 정부, 규제와 규제 철폐 중 어느 것이 옳은지가 쟁점이 될 것이다. 정부의 간섭을 촉구하는 부류는 진보 성향으로, 정부의 통제를 되도록 거부하는 부류는 보수 성향으로 해석할 수 있다. 이 해석 하에서 자유주의는 보수에 가깝다. 그러나 이는 원론적인 설명일 뿐, 현실의 보수 대 진보 논쟁에 그대로 대입되지는 않는다. 다음의 사례를 검토해보자.

한국사 국정교과서, 바른 역사관의 기준은 무엇일까?

박근혜 정부는 한국사 교과서 국정화를 추진했었다. 당시 많은 학교가 진보적 역사관이 담긴 교과서를 채택하고 있었고, 정부는 이것이 학생들에게 '바르지 않은' 역사관을 심어 준다고 우려했다. 여기서 문제. '바른' 역사관은 누가 결정짓는가? 자유주의자인 밀이 이 정책을 보았다면 결단코 반대했을 것이다. 밀은 이렇게 말했다.

"전 국민을 대상으로 한 획일적인 국가 교육은 국민을 하나의 틀에서 서로 똑같은 사람들로 찍어내고자 하는 술책이다."

역사를 어떤 시각으로 바라볼 것인가. 이에 대한 선택은 완벽한 개인의 자유이며 이는 양심의 자유와 직결되는 문제이기도 하다. '개성'은 《자유론》의 차례에도 등장할 정도로 이 책의 핵심 키워드이며, 자유와 짝으로 움직인다. 몰개성에 자유는 없다. 설령 진보 진영의 역사교육이 편향되었고 따라서 잘못되었다는 명제가 옳다고 가정하더라도 마찬가지다. 그것을 저지하기 위해 보수 진영이 추진하는 '올바르고 획일화된' 역사교육은 정당화될 수 없다. 밀의 지적처럼 몰개성보다는 '사회가 좀 나빠 보이는 상황이 차라리 낫기' 때문이다.

이처럼 밀은 '개성(혹은 개별성)'의 억제를 국가의 개입이 과도할 경우 나타나는 가장 큰 폐해로 보았다. 그런데 여기서 짚고 넘어갈 점이 하나 있다. 큰 정부를 진보, 작은 정부를 보수라고 할 때, 보수가 개성을 옹호한다고 단편적으로 받아들여서는 안 된다는 것이다. 규제 철폐, 자유무역 추구 등 작은 정부의 경제 정책에 한해서만 그렇게 볼 수 있을 뿐이다. 미국의 가수와 배우들, 성 소수자들이 대체로 민주당 지지자인 데서 알 수 있듯이 미국에서 개성의 표출은 오히려 진보 진영과 친하다. 프롤로그에서 말했지만 보수와 진보처럼 추상적인 개념을 가지고 현실의 복잡한 사안들을 간결하게 구분지어 설명하려는 욕심은 애초에 버려야 한다.

다만 공산주의가 개성의 표출과 어울린다고 볼 사람은 없을 것이다. 공산주의는 20세기 진보 진영의 이념으로 분류되면서도 명백히 전체주의의 범주에 포함된다. 이 측면에서 밀은 공산주의와의 대결에서 자유주의가 승리할 수밖에 없다는 것을 이미 예견했는지도 모른다. 정부가 아무리 좋은 의도를 가졌다 하더라도, 정부의 통제가 강해질수록 사람들의 행복을 위한 개성과 개별성이 취약해지고 사회의 활력은 약해진다고 보았기 때문이다.

공산주의는 모든 사람이 자유로운(해방되는) 세상을 꿈꾸었기 때문에 재산의 사적 소유를 부정했다. 밀의 관점에 서서 필자가 표현해보자면, 공산주의의 자유는 결과에 주목하지만 자유주의의 자유는 결과를 위해 과정을 건너뛸 수 없다. 그는 활력이 떨어진 몰개성의 국가에게 다음과 같이 경고한다.

"그런 국가는 머지않아 그런 왜소한 국민으로는 진정으로 위대한 일을 이루어낼 수 없다는 것을 알게 될 것이다."

○ 어디까지 개인의 자유를 허용할지, 즉 어디까지 국가가 개입할지가 자유에 대한 논의의 핵심이다.

○ 《자유론》에 따르면 피해가 모호할 때는 자유를 허용하는 편이 낫다.

○ 《자유론》에 따르면 한 사람의 헛소리라도 침묵을 강요해서는 안 된다.

○ 《자유론》에 따르면 개성을 상실한 인간은 위대한 일을 해낼 수 없다.

3
보수는 원래 긍정적이라는데
에드먼드 버크, 보수란 무엇인가?

이제 자유에 대한 이해를 바탕으로, 오늘날 회자되는 '보수'와 '진보'의 뜻을 알아볼 것이다. 이를 위해 먼저 보수들의 흔한 착각 두 가지를 기억해야 한다. 첫째, 보수는 진보와 다른 보수만의 토론 거리가 있다고 생각한다. 하지만 그런 건 없다. 보수는 진보적 아젠다에 대한 반응으로 형성되기 때문이다.

둘째, 보수는 진보적·개혁적 아젠다를 진보 진영에서 제기한다고 여긴다. 그러나 개혁안은 진영과 무관하게 누구나 제기할 수 있다. 보수와 진보를 나누는 기준은 진영이 아니라 태도이기 때문이다. 혹시 당신이 훌륭한 보수주의자임을 증명하고 싶다면 끊임없이 진보적 아젠다에 대해 논의해야 한다. 이번에는 '근대 보수의 아버지'라 불리는 영국 정치인 에드먼드 버크Edmund Burke의 목소리를 통해 보수가 무엇인지 알아보겠다.

지나간 것들을 대하는 태도에서 보수와 진보가 보인다

　내 친구 이야기다. 그는 스스로의 이력을 좋게 구성할 줄 안다. 포장을 잘한다는 말이 아니라 객관적이나 주관적으로 좋았던 것들을 모아서 연결할 줄 안다. 가난을 물려주었지만 사랑으로 교육해준 부모님에게 애정이 있으며, 학교, 직장 등 삶에서 만나는 이러저러한 사람들에게 관심을 가지고 열심히 의미를 부여한다. 그리고 여기서 얻은 활력으로 오늘을 살아간다. 그에게 과거란 그런대로 괜찮았던 이야기들의 조합이다.

　긍정적인 자세를 낙천적이고 미래지향적인 자세로 이해하는 이들이 많다. 하지만 긍정적 자세가 지속될 수 있는 원천은 내 친구와 같이 과거를 대하는 자세와 관련이 있다. 마찬가지로 사람들은 과거는 보수, 미래는 진보와 연관 짓는 경향이 있다. 하지만 보수와 진보는 기본적으로 과거를 대하는 태도에 따라 나뉜다.

　왠지 불만이 많은 젊은 시절에는 긍정적으로 살라는 어른의 조언을 듣곤 한다. 이명박 대통령이 등장하는 에피소드를 보자. 선거일에 대통령은 영부인과 함께 투표장에 갔다. 대통령은 카메라 기자를 향해 잠깐 멈춰 서 한 표를 행사한 후 현장에 있는 사람들과 악수를 나눴다. 그런데 자원봉사를 하고 있던 새파랗게 젊은 대학생 참관인이 감히 대통령의 악수를 거부(게다가 그의 눈동자는 적개심 그 자체였다)했고, 이 사건이 뉴스에 나오며 화제가 된 적이 있다. 참관인은 그날 밤 인터뷰에서 "그냥 '가카'한테 이렇게 안 좋은 감정을 가진 사람도 있다는 걸 보여주고 싶었습니다."라고 말했다. 그런 그에게 '가카'가, 내밀었던 손을 거둬들이며 한마디를 전했다.

"젊은 사람이 말이야, 긍정적으로 살아야지."

이 긍정적인 자세로 대한민국의 과거를 보자. 일제로부터 해방된 이후, 우리는 공산주의 국가를 건설하려는 이들을 배제한 채 대한민국을 건국했고 곧이어 그들의 침략전쟁을 막아냈다. 1960~1980년대 산업화 시대와 1990~2000년대 민주화 시대를 거쳐 오늘날 OECD 국가로서 한류를 이끄는 국제사회의 주요 국가로 성장했다. 빌보드 차트와 아카데미까지 거머쥔 지금 우리는 한국사에서 가장 빛나는 시절을 살고 있다.

자세를 틀어서 보면 이런 설명도 가능하다. 대한민국은 민족 분단을 획책한 세력이 건국했고 친일파가 기득권을 유지했다. 쿠데타로 집권한 군부독재 세력이 노동자들을 탄압하면서 재벌 중심의 경제성장을 추진했고 저항하는 민중을 총으로 진압했다. 절차적 민주화 이후에도 언론, 기업, 검찰, 공직 등 곳곳에 적폐가 남아 개혁을 가로막고 있다.

두 설명은 대한민국이 안고 있는 요소들을 다른 시각으로 편집한 문구들이다. 과거를 긍정적으로 바라보느냐, 부정적으로 바라보느냐. 입장에 따라 먼저 보는 것이 달라진다. 보수는 긍정적인 요소를 보고 과거와의 연속을 생각하고, 진보는 부정적인 요소에 주목하여 과거와의 단절을 생각한다. 이를테면 1948년 8월 15일 대한민국 정부 수립을 다행으로 생각하는 이들이 있고, 뼈저린 실책으로 생각하는 이들이 있다. 대한민국의 헌정사를 대하는 양쪽의 태도는 분명 다르다. 자랑스럽게 이을 것인가. 잘못된 역사를 바로 잡을 것인가.

근대 보수의 탄생

서양 역사에서 보수라고 불리는 세력의 사상적 원류를 거슬러 올라가다 보면 만나게 되는 인물이 있다. 프랑스혁명 시절 영국 휘그당의 정치인 에드먼드 버크. 그는 혁명 직후 간행된 《프랑스혁명에 관한 성찰》에서 프랑스혁명이 이루어진 방식을 이렇게 비판했다.

"당신들은 잘못 시작했습니다. 왜냐하면 당신들에게 속한 모든 것을 멸시하면서 시작했기 때문입니다. 현명한 개혁의 방식을 취했다면 여러분은 조상을 존경하면서 자신을 존경하는 법을 배웠을 것입니다. 프랑스인을 1789년 혁명의 해까지 미천하고 예속된 가련한 사람들로 여기도록 하는 선택을 하지 않았을 것입니다."

앙시앵 레짐ancien régime(옛 제도)을 남김없이 버려야 할 형편없는 것으로 만들지, 지렛대 삼아 더 나은 세상을 만들어내는 유용한 것으로 만들지는 지금을 살아가는 사람들의 선택에 달려있다는 의미다. 1789년 프랑스인들은 전자를 선택했고 버크는 그 선택을 비판했다.

버크는 보수주의의 아버지라 불리지만, 당시에는 오늘날 영국 보수당의 전신인 토리당이 아니라 진보에 가까운 휘그당의 멤버였다. 휘그는 모반자, 말 도둑이라는 뜻으로, 당시 청교도들을 지칭한다. 1688년 명예혁명 때 버크는 토리당과 협력해 국왕과 대결했고 '국왕은 군림하되 통치하지 않는다'는 영국 의회주의의 확립에 기여했다. 그 후에는 지주들과 귀족을 옹호하는 토리당에 맞서 신흥 인텔리와 자본가들의 편에 서서 개혁을 주장했다. 프랑스의 혁명가들은 그런 진보적인 영국인 버크의 지지를 기다리고 있었다.

보수와 수구는 다르다

버크의 목소리를 듣기 전에 보수와 수구의 차이점이 무엇인지 먼저 확인해보자. 두 단어의 뜻은 '과거를 지킨다'로, 사전적 의미는 같다. 차이는 '건강한가, 퇴행적인가'라는 뉘앙스에 있다. 즉, 현실의 문제에 대한 개혁의 요구에 어떻게 반응하는지에 따라 보수와 진보가 나뉜다.

한국사를 공부해본 사람이라면 역사를 주도한 세력들의 이름이 생소하지 않을 것이다. 그 가운데 능력 있고, 진취적이고, 참신한 느낌을 주는 세력들을 나열하면 6두품(신라 말), 지방호족(신라 말, 고려 초), 신진사대부(고려 말, 조선 초) 등이다. 이에 비해 문벌귀족(고려 전기), 권문세족(고려 후기), 세도가(19세기) 등은 부정적인 뉘앙스를 띤다.

이 세력들은 상반되는 느낌을 가졌지만, 사실 딱 잘라 구분할 수 없다. 이를테면 신라 말 개혁을 주장하면서 고려왕조 개창의 주역이 되었던 6두품과 지방호족들이 고려 전기 문벌귀족이라는 기득권을 형성한다. 마찬가지로 고려 말 신진사대부들이 조선왕조를 개창한 후에 양반 지주층을 형성하게 된다. 교과서는 이런 변화의 과정을 '(지배층의) 보수화'라고 서술한다.

이 말은 '자신의 이익을 위해 피지배층을 수탈하거나, 잘못된 것을 고치려(개혁하려) 할 때 기득권 유지를 위해 저항하는 행태'를 의미한다. 그러니까 교과서 서술에서 '보수화'는 나쁜 사람이 된다는 것, 즉 '수구화'를 의미한다. 바로 이것이 '보수 대 진보'의 프레임에서 우리가 보수를 제대로 이해할 수 없게 방해하는 요인이고, 보수가 진보에 비해 용어상 불리할 수밖에 없는 까닭이다. 누가 나쁜 사람이 되는 걸지지하겠는가. 지금도 진보 진영에서 습관적으로 내뱉는 '보수 언론, 보수 정당'은 '나쁜 언론, 나쁜 정당'이라는 의미와 다를 바 없다.

하지만 보수는 개혁에 반대하지 않으며 수구화와 아무 관련이 없다. 보수란, 제안된 개혁안에 대해 "너희의 뜻은 알겠어. 그런데 그건 이런 방식으로 풀어야 해."라고 이야기하는 것이다. 이런 방식에서 드러나는 공통적인 성격들을 추출해보면, 대체로 경험 참조, 전통의 존중, 법치, 신중함 등이 보수의 특징이다.

보수의 6가지 정신

버크의 입장이 처음부터 확연했던 건 아니다. 프랑스혁명이 발발한 직후, 버크는 이에 대한 질문을 받았을 때 "그 정신은 존경하지 않을 수 없네."라면서도 "나는 아직 그 사건에 대해 이런저런 말을 하기는 어렵다고 생각하네."라고 말하며 판단을 보류했었다. 하지만 그는 혁명의 진행 과정을 보고, 이것을 비판하는 글을 집필하여 《프랑스혁명에 관한 성찰》을 출간했다. 이제 버크의 저술을 통해 그가 프랑스혁명에 대해 어떤 견해를 가지고 있었는지 살펴봄으로써 보수의 정신 몇 가지를 정리해보겠다.

첫째, 보수는 기존의 것을 활용하려 한다. 따라서 전통을 해체하는 데 신중하다. 버크는 '신중함이 100년에 걸쳐 세운 것을 분노와 광포함이 반 시간 안에 폐허로 만들 것'이라고 경고하면서, 검증된 모델 없이 지금 쓰고 있는 것을 없애면 곤란하다고 이야기한다.

만약 버크가 우리나라의 애국가 논란에 대한 질문을 받았다면 신중한 입장을 권유했을 것이다. 애국가 논란이란 새 국가國歌 제정의 필요성에 대한 논란으로, 이는 애국가의 작사가 윤치호와 작곡가 안익태가 모두 《친일인명사전》에 등재되어 있기 때문에 생겨났다. 만약 우리가 당시 그들의 반민족행위에 주목했다면 지금의 국가는 다른 곡이었을 가능성이 높다. 하지만 애국가는 한국 현대사의 고비마다 민중을 하나로 결집시키는 용도로 사용되어 또 다른 역사성을 가지고 있다. 보수주의자들은 이 점을 들어 새 국가 제정을 반대할 것이다.

둘째, 불평등은 보완될 뿐 결코 사라지지 않는다. 버크는 '프랑스혁명에서 외치는 평등은 헛된 기대감을 불러일으키고 사람들을 결집시키지만, 이러한 기대감은 결코 없어지지 않을 실제의 불평등을 더욱 악화시킨다'면서 다음과 같이 호소했다.

"나를 믿으십시오, 여러분. 그들이 모두를 대등하게 만들려고 시도한다 해서 결코 평등해지지 않습니다. 온갖 부류의 시민으로 구성된 모든 사회에서 어떤 부류는 반드시 최상층이 되기 마련입니다."

버크의 발언은 모두가 법 앞에 평등하다고 믿는 우리에게 서운함을 줄 수 있다. 하지만 링컨의 노예해방선언이 1863년에 발표되고 선거권의 완전한 평등이 20세기 들어서 이루어졌다는 점을 고려하면, 영국에는 아직도 왕과 귀족이 있다는 점을 감안하면, 21세기 대한민국 국민이 실질적 불평등이 있다고 여기며 살아가고 있다는 점을 생각하면, 18세기 버크의 발언에 서운함을 느끼기보다는 그 안의 의미를 파악할 필요가 있다.

버크가 언제나 높이 평가했던 영국의 명예혁명은 왕이 자신의 권한을 내려놓은 입헌군주국의 초석이 되었다. 그런 버크에게 왕과 귀족의 존재까지 철폐할 것을 요구하는 프랑스혁명의 목소리는 '너무 나간' 비현실적인 목소리로 들렸을 것이다.

셋째, 보수는 가치보다 현실에서의 실용에 관심을 둔다. 이를테면 진보는 반전, 평화, 여성, 환경, 민족 등의 가치를 추구한다. 뒤에 '~주의ism'를 붙이면 자연스러운 용어들이다. 반면 통상 보수의 특징이라고 이야기되는 신중함, 사려 깊음, 절제, 책임감, 준법, 자율 등은 가치가 아니라 일종의 성품이다. 굳이 말하면 이 성품은 보수가 진보적 논제에 어떤 자세로 접근하는지에 대한 용어들이다. 즉, 이념 지향이 아니라 현실에서의 실현 가능성과 유용성에 관심을 둔다.

양당 틈을 비집고 들어가려는 제3의 정당은 통상 '중도 실용'이란 키워드를 사용하곤 한다. 안철수도 늘 이 키워드로 스스로를 규정해왔다. '우리는 진보도 보수도 아니다, 따라서 좌우 이념에 매몰되지 않겠다'는 의지를 그렇게 표현한 것으로 보인다. 그런데 이념에 매몰되지 않음을 강조하면 할수록 중도는 진보보다 보수와 가까워진다. 왜냐하면 진보 정당은 가치나 이념 없이 애초에 성립하지 않기 때문이다.

사실 보수는 진보와 싸우겠다는 자세를 버리면 현실에서의 실용 그 자체를 추구할 수밖에 없다. 반면 진보의 경우, 보수와 싸우겠다는 자세를 버린다고 해서 바로 실용주의자가 되는 건 아니다. 그래서인지 보수 야당의 비상대책위원장을 맡았던 한 노객(김종인)은 선거를 앞두고 '굳이 보수라는 말을 사용할 필요가 없다'라고 했다. 보수가 좋은 이미지를 갖지 못한다면 그런 말을 해봤자 손해이며, 보수와 세간에서 말하는 중도가 애당초 가까운 의미라는 뜻을 함축한다.

넷째, 인간은 늘 실수를 저지르는 불완전한 존재다. 인간은 기계와 달라서 이성이 옳다고 여기는 대로만 움직이지 않는다. 그래서 버크는 정치인은 무엇이 옳은지도 고민해야 하지만, 동시에 불완전한 국민이 어떤 정서를 가지고 있는지, 다시 말해 '국민 정서'에 대해 이해할 필요가 있다면서 '정치가가 관심을 가져야 할 첫 번째 연구 과제는 자국민의 성향이어야 한다'라고 했다. 버크는 프랑스 혁명가들의 행동은 인간 본성, 즉 정서적 측면을 부정한 것으로 극도로 부자연스럽고 반자연적인 행위라고 주장했다. 이런 버크의 관점은 다음 주장으로 연결된다.

다섯째, 인간의 욕망을 억제하는 정책은 실패하기 쉽다. 버크는 돈에 대한 욕망을 예로 들었다. 탐욕은 악으로 흐르기 쉽지만 번영의 원동력이다. 따라서 정치인은 그런 국민의 정서를 인정하고 활용할 줄 알아야 한다고 말한다.

"가끔은 과도하게 사악해지지만, 돈에 대한 사랑은 모든 국가 번영의 최대 원동력이다. 이 자연스럽고, 합리적이고, 강렬하고, 왕성한 원칙에서 터무니없음을 폭로하는 것은 풍자가의 일이다. 사악함을 질책하는 것은 도덕주의자의 일이다. 냉정함과 잔인함을 손가락질하는 것은 동정심을 가진 자의 일이다. 사기, 강탈, 탄압을 비난하는 것은 심판자의 일이다. 그러나 자신이 아는 대로 그것을 사용하는 것은 정치가의 일이다. 거기에 수반되는 모든 우수함, 그 책임에 따르는 모든 불완전함과 더불어 말이다."

탐욕을 풍자하는 이(풍자가, 작가), 질책하는 이(도덕주의자), 비난하는 이(심판자)가 있듯이, 그것을 지혜롭게 활용하는 이도 있어야 하는데 바로 정치인이다. 실제 버크는 그런 정치인으로서의 자질을 발휘하여 1776년의 미국독립혁명을 지지한 바 있다.

식민지 미국이 내건 '대표 없는 과세 없다'는 슬로건은 명예혁명 때 영국 의회가 국왕에게 제출한 권리선언의 주장 가운데 하나로, 국왕은 납세자의 대표 기관인 의회의 승인 없이는 세금을 부과할 없다는 주장이다. 그러니 시민혁명과 민주주의의 발전은 '내 재산을 함부로 빼앗길 수 없다'는 국민의 아주 자연스러운 욕망의 발로에서 출발한다.

버크는 미국에 부과하는 〈인지세법〉에 반대했고, 1766년 해당 법의 철폐를 이끌어냈다. 그러자 영국 정부는 영국 의회가 미국에 과세할 수 있음을 선언하는 〈선언법〉을 제정했다. 버크는 이때도 이것을 비난하면서 영국이 미국 식민지와 적극적인 화해를 해야 한다고 주장했다. 그러나 영국은 미국에 반란 진압을 위한 군대를 파견했고, 뒤이은 미국독립전쟁에서 패하고 말았다. 결국 버크의 주장이 역사의 흐름에 부합했던 것이다.

여섯째, 현실 문제는 단순한 이론만으로 해결되지 않는다. 버크는 혁명가들의 주장이 이론적으로는 맞지만, 현실의 도덕과 정치에서까지 옳은 것은 아니라고 말했다. 나는 이 대목이 진보주의자와 보수주의자의 차이를 가장 정확히 보여준다고 생각한다. '아니, 옳으면 옳고 그르면 그른 거지, 무슨 말이 왜 길어?' 이렇게 생각하면 당신은 진보적인 사람일 확률이 높다.

버크는 현실 정치를 '도덕적 사칙연산'이라고 표현했다.

2 더하기 3이 5가 되는 수학 이론과 달리, 현실은 '도덕적으로 더하고, 빼고, 곱하고, 나누는 것'이라고 말했다. 버크는 이 말의 뜻에 대해, '인간의 이익은 서로 다른 선 사이의, 선과 악 사이의, 심지어 때로는 악과 악 사이의 타협 속에서 만들어지기 때문'이라고 덧붙였다.

버크의 설명은 왜 아저씨 이상의 나이 대에 보수층이 많은지 보여준다. 나이를 먹다 보면 현실 문제가 피타고라스의 정리나 열역학법칙으로 풀리는 쉬운 문제가 아니라는 것을 알게 된다. 나 역시 태어나서 살아보니, 삶이 이렇게 규정된다. 한 개인의 삶이란 생각(이성)대로 풀리지 않는 순간(현실)들의 연속이라고. 어쨌든 버크는 정치인이 옳다고 믿는 것을 실행하기 전에 국민 정서와 집단 간 갈등 상황, 종교적 역사적 맥락 등이 복잡하게 얽힌 현실을 종합적으로 보아야 한다고 강조한다.

이상 버크의 여섯 가지 목소리를 정리해보았다. 오늘날 우리가 보수의 덕목이라고 부르는 것들이 여기서 자연스럽게 파생되었음을 알 수 있다. 원리보다 경험에서 지혜를 얻는 것, 전통을 무시하지 않고 존중하는 것, 인간의 불완전함을 인정하며 법치를 신뢰하는 것, 신중함과 사려 깊은 태도를 가지는 것, 대화와 타협을 시도하고, 규제보다는 자율을 추구하는 것 등등.

○ 보수는 기존의 것을 활용하려 한다.

○ 보수는 불평등은 보완될 뿐 사라지지 않는다고 여긴다.

○ 보수는 가치의 추구보다 현실의 문제 해결에 관심을 둔다.

○ 보수는 인간은 불완전한 존재라고 생각한다.

○ 보수는 인간의 욕망을 억제하는 정책은 실패하리라 예견한다.

1장

4

진보라고 적폐가 되지
않으리란 법은 없다

토마스 페인, 진보란 무엇인가?

이번에는 버크와 동시대를 살며 논쟁했던 토마스 페인 Thomas Paine의 목소리를 통해 진보란 무엇인지에 대해 알아 보려 한다. 먼저 지금 현실 정치나 언론에서 칭하는 진보는 근대 이후 역사적 맥락에서 형성된 개념으로 사전적 정의와 다르다는 점을 이해해야 한다. 이를테면 이른 아침 눈을 뜬 후 폰에서 손가락 몇 번 깨작거려 커피를 받아 마시게 된 것 도 문명의 진보다. 하지만 보수, 진보 프레임 하에서는 그런 것을 진보라고 부르지 않는다.

진보와 Enlingtenment의 관계

　토요일에는 아들을 뒤에 태우고 파주에 계신 부모님 댁에 가곤 한다. 자유로에서 아이는 보통 잠에 빠지는데 그날은 유난히 차가 막혀서 도착하기 전에 깼다. 4월 초의 18시. 나는 아직 어둑하지 않은 하늘 멀리에 잔잔히 깔린 저녁노을을 보면서 아들에게 물었다.

　"저기 동그란 게 해님이니, 달님이니?"

　"해님."

　아이의 대답에 뭔가 더 알려주고 싶어서 한 번 더 물었다.

　"저 해님이 움직이고 있니, 아니면 여기 지구가 움직이고 있니?"

　"당연히 지구가 움직이는 거지!"

　학습만화가 요즘 애들을 꽤 똑똑하게 만든다.

　21세기에는 이제 막 초등학교에 입학한 아이도 '지구가 움직인다'라는 사실을 안다. 이 당연한 명제를 인류가 알게 된 시점은 16세기 들어서였다. 즉 인류 역사에서 500년을 뺀 나머지 장구한 세월 동안 인간은 다르게 알고 있었다. 하지만 인간은 아무리 오랜 기간 무지했어도 자연의 원리를 알게 된 후에는 새로운 앎을 주저 없이 받아들인다. 몰랐던 것뿐이지 만유인력의 법칙이 옛날에도 작동했던 것처럼, 오랫동안 천동설이 옳은 줄 알았다는 것이 지동설의 옳음을 방해할 수 없는 것처럼, 옳은 원칙은 인간의 경험이나 전통과 관련 없이 받아들여진다.

근대 계몽주의 시대의 과학혁명으로 인류는 많은 것을 알게 되었다. '계몽'으로 번역되는 'enlingtenment'는 '어두운 곳을 밝힌다'는 뜻인데, 여기서 어둠을 밝히는 도구인 불빛은 다름 아닌 인간의 이성이었다. 인류는 그 빛으로 세상의 비밀을 밝혀내고 스스로 진보한다고 믿었다. 그리고 차츰 그 빛은 자연뿐 아니라 인간의 역사와 사회로도 향하기 시작했다. 그것이 사회과학의 탄생이다.

만약 옛 제도, 앙시앵 레짐이 잘못된 질서라는 것을 알게 된다면 우리는 어떻게 해야 할까. 그 체제가 아무리 오래 지속되었더라도 버려야 할 것이다. 그리고 뉴턴이 빈틈없는 조건과 숫자만 주어진다면 물리학으로 미래의 현상을 예측할 수 있다고 믿었던 것처럼, 역사의 발전 법칙을 발견하면 미래를 예견할 수도 있을 것이다. 그래서 마르크스는 혁명을 예견했다. 이것이 진보가 나쁜 전통을 거부하고 미래를 향하는 방식이다.

원래 왕과 귀족은 없었다

"왕후장상의 씨가 어찌 따로 있겠는가?(王侯將相寧有種乎)"

기원전 209년, 진승·오광의 난이라는 중국 최초의 통일

왕조인 진나라의 멸망을 가져온 농민반란이 일어났다. 그때 진승이 병사들에게 외친 이 문구는 이후 평민들이 반란을 일으킬 때 두고두고 회자되었다. 1198년 고려 무신 정권의 권력자 최충헌의 노비였던 만적 역시 개성의 북쪽 산에서 노비들을 모아놓고 똑같이 외쳤다.

실제로 왕족, 귀족의 씨를 거슬러 올라가면 본래 왕이고 귀족이었던 사람은 없다. 기회를 얻고 싶었던 진승과 만적은 원초적 상황을 머릿속에 상상해 '이성의 빛'을 투영한 결과, 실패하면 목을 내놓아야 할 위험한 말을 선포했다.

절대왕정을 무너뜨리고 공화정을 선포한 프랑스혁명도 이와 유사한 사유의 결과다. 다만 진승과 만적은 본인이 왕이 되려 한 반면, 프랑스인들은 한 걸음 나아가 왕과 귀족 자체를 없애고 평등한 사회를 만들려고 했다.

왕을 유지할 것인가, 폐지할 것인가는 혁명 발발 후 에드먼드 버크와 토마스 페인의 논쟁에서 가장 큰 쟁점이었다. 영국의 명예혁명을 자랑스럽게 여겼던 버크에게 인류가 가야 할 새로운 국가 형태는 입헌군주정이었고 프랑스도 같은 방향으로 가기를 기대했다. 그러나 페인은 자연의 원초적 상황을 상정하고는 버크를 조롱했다.

"막연한 무언가가 버크로 하여금 출발점을 되돌아보는 걸 금하고 있다. 어떤 도둑이나 로빈 후드 같은 자가 시간의 오랜 암흑 속에서 나타나 '내가 그 기원이오'라고 말할까 봐 말이다."

졸지에 왕과 귀족은 도둑, 강탈자가 되어버렸다. 페인의 상식에 따르면 국가의 모든 권력은 출발점이 있고, 그것은 반드시 위임받았거나 강탈했거나 둘 중 하나이다. 민주적으로(이를테면 민중들의 합의나 선출로) 그 지위를 얻은 게 아닌 이상 그들은 도둑이고 아무리 잘해봐야 착한 도둑이다.

요즘 시끄러운 우리나라 부동산 문제에 이 사유를 적용해보자. 등기부 등본에 기록된 토지의 소유권자를 추적해 올라가다 보면 법으로 보호받는 첫 번째 소유주가 있다. 더 거슬러 올라가면 등본에는 없는 점유자들도 있었을 것이다.

그런데 토지나 임야는 사람의 것도 사슴의 것도 다람쥐의 것도 아닌, 본래 누구의 것도 아닌, 굳이 말하자면 자연의 것이다. 언제부터인지는 모르지만 누군가가 이 땅을 '자기 것'이라고 선언했고 그로부터 증여나 매매가 시작되었다. 페인의 말을 빌려 현재 우리 상황을 말하자면, 세월은 흘렀고 '우리로 하여금 막연한 무언가가 출발점을 되돌아보는 것을 금하고 있다'.

이 합리적 사유는 하느님이 창조한 원초적 상황에서 인간의 이성을 들이밀어 무엇이 가장 정당하고 선한지 찾으려 한다. 그런데 이것은 '인간의 경험과 역사를 제쳐놓은' 사유

방식이기도 하다. 이것이 진보적 사유의 장점이자 함정이다.

토마스 페인의 《상식》과 《인권》

버크가 《프랑스혁명에 관한 성찰》을 출간하여 혁명의 분위기에 찬물을 끼얹자, 같은 영국인으로서 미국과 프랑스혁명을 지지하고 독려했던 토마스 페인은 버크를 비판하는 책 《인권》을 1791년과 1792년에 2부작으로 출간하였다.

페인은 어떤 인물이었을까. 영국 정계의 유력 인사였던 버크와 달리 그는 역사적 현장을 누비며 파란 많은 삶을 살았다. 영국의 가난한 퀘이커 교도의 아들, 실패한 식품상인, 영국 세제 문제를 비판하다 해고된 세관원, 미국 독립혁명을 선동한 사상가, 프랑스혁명을 옹호하고 영국인들에게 공화정 수립을 주창하다 쫓겨난 급진주의자. 이것들이 그를 설명하는 수식어이다.

런던에서 실업자로 전전하던 37세의 페인은 미국의 정치가였던 벤저민 프랭클린의 추천을 받아 필라델피아로 건너가 기자가 된다. 노예제 비판 글을 쓰던 그는 1776년에 《상식》을 출간했는데, 이 책은 글을 아는 미국인 대부분이 읽었다고 할 정도로 인기가 많았다고 한다. 책이 출간된 지 6개월 후 미국독립선언문이 발표되었는데, 그 내용이 이 책의 영향을 받았다는 데 누구도 이견을 달지 않는다.

이후 페인은 프랑스로 건너가 혁명정부에 참여하여 상원의원이 된다. 사형제 반대 소신을 가지고 있던 페인은 루이 16세의 처형에 반대하다 왕의 처형을 원했던 자코뱅파 지도자 로베스피에르에 의해 감옥에 투옥된다. 페인은 로베스피에르의 실각 후 석방되어 1802년 미국으로 돌아가지만 1809년 가난과 건강 악화로 죽음을 맞이한다.

진보의 5가지 목소리

이제 토마스 페인의 글에서 확인되는 진보의 특징 몇 가지를 정리해보겠다.

첫째, 적폐 청산을 주장한다. 잘못된 토대 위에 세워진 정치조직과 사회는 문제가 있다. 그 문제를 해결하는 유일한 방법은 토대를 해체하고 원점에서 다시 건설하는 것이다. 당시 페인은 왕정 폐지와 공화정 건설이 적폐를 청산하는 길이라고 믿었다. 그리고 왕도 귀족도 없는, 바다 건너 아메리카 '공화국'의 성공적인 모습을 보고 확신을 가졌다.

둘째, 단순한 해법을 제시한다. 페인은 다음과 같이 말했다.

"단순하면 단순할수록 질서가 무너질 가능성은 덜하고 무너지더라도 더 쉽게 회복할 수 있다."

인간의 이성은 이론의 단순함을 추구하는 경향이 있다. 이것을 '사유의 경제성 원리'라고 부른다. 일례로 천동설과 지동설을 비교해보자. 천동설은 하늘에 많은 원을 그리고 여러 조건을 붙여야 우주 현상을 설명할 수 있었지만, 지동설은 적은 수의 원을 그리면서 훨씬 더 간결하게 설명해냈다. '같은 값이면 단순한 설명이 우월하다'고 여기는 경향이 근대의 특징 중 하나다. 그런 장점 때문에 지동설은 학계에서 지지 세력을 늘려나갈 수 있었다. 그러나 버크가 보기에 인간 사회는 자연과학과 다르다. 위와 같은 페인의 주장에 대해 버크는 '단순한 질서를 추구하는 정부는 근본적인 하자가 있다'고 비판했다.

셋째, 오래되었다고 정당성이 확보되지는 않는다. 진보가 추구하는 단순한 해법은 앞서 언급한 '인간의 경험과 역사를 제거하는' 방식(51~52쪽 참조)과 관련이 있다. 진보는 전통과의 결별이라는 단절적인 역사관을 갖고, 아무리 오랫동안 써왔어도 잘못된 걸 안 이상 버리려 한다. 중요한 것은 그 원칙이 오래됐는지가 아니라 옳은지 아닌지 여부다. 그래서 페인은 헌법은 늘 새로워야 하고, 새롭지 않으면 틀림없이 결함이 있으리라 여겼다.

넷째, 증세를 통해 복지를 확장하려 한다. 페인의 발상은 자유주의에서 출발한 근대 좌파가 어떻게 복지국가라는 형태를 추구했는지 보여준다.

"연금 지급은 부자와 빈민 가릴 것 없이 모두에게 공평해야 한다. 차별이나 구분을 막으려면 그 방법이 최선이다. 연금을 받고 싶지 않은 사람은 받은 돈을 공동 기금에 투척하면 된다."

보편적 복지이론은 여기에서 출발한다. 예전에 무상급식이 논란이 되었을 때, "그렇다면 이건희 회장의 손자에게도 공짜로 급식을 주어야 하는가?"라는 말이 회자되었고 진보 진영에서는 그래야 한다고 주장했다. 페인의 사고가 그대로 투영된 답이다.

또한 위 인용문은 최근 이슈인 '기본소득국민운동'의 초기모델이라 할 수 있다. 기본소득국민운동이란 기본소득 제도를 인간이 누려야 할 기본적인 삶을 보장하는 핵심적인 제도로 보고, 기본소득 지급 입법화를 목적으로 하는 운동이다. 어떤 국민이 이러한 제도의 혜택이 필요하지 않기 때문에, 혹은 필요한 사람에게 보다 많이 지급되기를 바라는 마음에서 안 받는 건 자유다.

다섯째, 토지는 개인의 것이 아니다. 그는 '땅을 창조한 조물주는 토지 문서를 발행하는 관청을 설치하지 않았다'고 했다. 그런데 이때 토지를 부동산이라고 뭉뚱그려 이야기하면 실상을 이해하기 어렵다. 토지와 그 위에 누군가가 일궈낸 열매를 구분해서 이해해야 한다.

"토지 재산의 관념은 어떻게 생겨났을까? 사냥꾼의 상태에서도, 양치기의 상태에서도 토지 재산은 존재할 수 없었다. 그것은 경작과 더불어 형성되었다. 경작으로 이루어진 발전을 모태인 토지 자체와 분리하기란 불가능하다. 그러므로 경작 토지의 소유자는 누구나 공동체에 자신이 소유한 토지에 대한 지대地代를 내야 한다."

당신은 이 이야기가 어떻게 들리는가? 나는 논리적, 이성적으로 페인의 주장을 반박하기가 매우 어렵다고 생각한다. 누군가 터를 잡고 온갖 노력을 기울여 과수원을 조성했다고 하자. 과일은 그 사람의 소유겠지만 터는 그의 소유가 아니다. 만약 그가 소유하게 된다면 터를 이용할 다른 사람들의 권리를 침해한 것이다. 그런데 현실적으로는 그 둘을 구분할 수가 없다. 그러니 과수원 소유자는 공동체에 지대로 과일 일부를 내놓아야 한다.

한 20~30년 지나서 그 터의 가치가 크게 올랐다고 하자. 과수원 주인의 노력으로 가치가 올라간 것이라면 그 상향된 가치의 일부는 그의 몫이 될 수 있다. 그러나 그 터는 애초에 공중의 것이었으므로 전적으로 그의 몫이 될 수는 없다. 그런데 만약 과수원 주인의 노력과 무관하게 철도 건설이 발표되어 인근의 폐허들과 함께 땅값이 올랐다고 가정하자. 그 상향된 가치는 주인의 노력에 의한 것이 아니므로 전적으로 공중의 것이다.

그래서 페인은 토지 소유자들로부터 '지대'를 걷고, 기금을 조성하여 그 땅을 이용할 수 있는 권리를 침해받은 이들에게 보상하는 구체적인 안을 제시하였다. 스물한 살 이상의 모든 이에게 한 번에 돈을 나누어주자는 것, 또 쉰 살 이상의 모든 이에게 사망 시까지 매해 일정 금액을 지급하자는 것 등이다.

요즘 정치권에서도 선거를 앞두면 비슷한 공약을 발표하는 사람들이 있다. 페인의 목소리는 아직까지 건재하다.

어디까지를 적폐로 보아야 할까

인류가 정착하고 처음 국가를 만들어냈을 때, 세계 어느 지역이든 왕이 통치했고 그 주변에는 귀족이 있었다. 이를 폐지하는 것은 고기를 굽던 불판을 깨끗이 갈아엎는 것과 같고 그 과정에서 저항이 없을 수 없다.

이에 대해 페인은 프랑스혁명 이후 나타난 이른바 '공포정치'를 옹호했다. 새로운 출발에 반하는 모든 적대 행위를 적폐들의 저항으로 보았고, 혁명이라는 예외적인 기간에는 대의를 위해 저항을 짓눌러야 한다고 보았다. 그런데 예외적인 상황이라고는 하지만 그렇게 하면 무엇이 따라올까?

명예혁명 후 안정기에 접어든 영국이나 애초에 왕이 없

었던 미국과는 달리, 프랑스혁명은 그 이후가 순탄하지 못했다. 로베스피에르의 공포정치는 무엇에 홀린 듯 반동 세력들을 단두대에 올렸고 끝내 역사는 1794년 로베스피에르조차 단두대에 올리고야 말았다. 마르크스는 '프롤레타리아 독재'라 해서 독재를 정의로운 사회로 가기 위한 하나의 과정으로 삽입했다. 그러나 알다시피 공산주의는 아직 독재 이후의 유토피아를 보여주지 못했다.

따라서 민주주의 체제 아래에서 '적폐 청산'이라는 구호는 위험성을 동반한다. 청산의 대상을 규정하지 않고 아무데나 붙이는 모호한 구호는 실효성 면에서는 없는 것과 마찬가지이기 때문이다. 개혁의 대상이 구체화 되어 있지 않아 단순한 구호로 그치고, 권력자에게는 합의된 법을 넘어서는 용감함, 즉 독재적 발상까지 갖추게 한다. 청산의 대상도 위험하지만, 로베스피에르처럼 권력자 스스로에게 더욱 위험하다.

청산의 주체가 청산의 대상이 되는 아이러니는 진보의 역사에서 쉬이 찾을 수 있다. 프랑스혁명을 주도한 부르주아가 이후 공산당혁명에서는 오히려 타도의 대상이 되지 않았나. 프랑스혁명(1789)은 마르크스·엥겔스의 공산당 선언(1848)과는 고작 60년, 세계 최초로 성공한 공산혁명인 러시아의 볼셰비키혁명(1917)과는 120여 년 정도 간격이 있을 뿐이다. 이처럼 진보 세력은 시대 전환을 읽지 못할 경우 새로운 세력에 의해 타도의 대상이 된다. 누구나 기득권을 형성하면 차츰 수구화되는 경향이 있고, 스스로는 그것을 잘 인지하지 못하기 때문이다.

○ 진보는 적폐 청산을 주장한다.

○ 진보는 단순한 해법을 제시한다.

○ 진보는 오래된 것이 반드시 정당하다고는 생각하지 않는다.

○ 진보는 증세를 통해 복지를 확장하려 한다.

○ 진보는 토지를 공적인 것으로 여긴다.

5

'사람이 먼저다'의 진짜 의미

마르크스·엥겔스,
진보와 보수의 차이는?

자유와 평등을 외치며 프랑스혁명을 주도한 부르주아들은
상공업과 자유무역을 주도하면서 새로운 세력의 도전을 받
게 되었다. 공산주의는 부르주아와 자본주의를 타도의 적으
로 삼았다. 현대의 진보는 여기서부터 본격적으로 진화해
갔다. 마르크스와 엥겔스의 《공산당 선언》을 살펴보기 전에
20세기 초 이 땅의 어느 시인 이야기부터 시작하겠다.

임화, 공산주의에 시와 청춘을 바치다

너 어느 곳에 있느냐

사랑하는 딸 혜란에게

임화

아버지는 지금
물소리 맑던 낙동강가에서
악독한 원수들의 손으로
불타고 허물어진
숱한 마을과 도시를 지나
우리들의 사랑하던
서울과 평양을 거쳐
절벽으로 첩첩한 산과
천리 장강이 여울마다 우는
자강도 깊은 산골에 와서
어데메에 있는가 모를
너를 생각하여
이 노래를 부른다

사랑하는 나의 아이야

은하가 강물처럼 흘러

남으로 비끼고

영광스런 우리 군대가

수도를 해방하여

자유와 승리의 노래

거리마다 가득 찼던

아름다운 여름 밤

전선으로 가는 길 역에서

우리는 간단 말조차

나눌 사이도 없이

너는 전라도로

나는 경상도로

떠나갔다

(…)

한밤중 어느

먼 하늘에 바람이 울어

새도록 잦지 않거든

머리가 절반 흰 아버지와

가슴이 종이처럼 얇아

항상 마음 아프던

너의 엄마와

어린 동생이

너를 생각하여

잠 못 이루는 줄 알어라

사랑하는 나의 아이야

너 지금 어느 곳에 있느냐

한국전쟁이 한창이던 1950년 12월 임화가 쓴 시다. 북한
군이었던 임화는 남한의 수도 서울을 빼앗은 6월 28일, 자
유와 승리의 노래를 불렀던 아름다운 여름밤을 돌아보고 있
다. 아마도 그때 프랑스혁명의 군중들이 느꼈던 뜨거움을 느
끼지 않았을까. 하지만 낙동강까지 내려왔던 시점에 딸과 헤
어졌고 북으로 다시 쫓겨 올라가 자강도에서 어디 있는지 모
를 딸을 그리워하고 있다. 그리고 위 인용문에는 생략했지
만, 중공 인민들과 함께 다시 내려가 원수들을 무찌르고 딸
과의 재회를 소망하고 있다. 아마도 원수들은 전쟁에 개입한

미군들일 것이다.

조선의 발렌티노라고 불렸고 실제 영화에도 출연했던 시인 임화는 일제시대 문학운동 단체인 카프KAPF(Korea Artista Proleta Federacio, 조선프롤레타리아예술가동맹)의 신세대 기수로 활약했다. 해방 후 1947년 미군정은 임화의 시를 금지했고, 임화가 작사한 〈인민항쟁가〉가 유행처럼 퍼져나가자 그를 수배했다. 이를 피해 월북한 임화는 얼마 지나지 않아 한국전쟁을 맞이했다. 그는 사랑하는 딸 혜란이와 재회했을까.

이 시를 쓰고 대략 3년 뒤, 임화는 평양에서 총살당한다. 죄목은 박헌영 등 남조선노동당 출신 간부들과 함께 미국의 간첩으로 활동했다는 것이다. 그는 북한의 주장대로 정말 스파이였을까? 만약 아니었다면 그는 생의 마지막 순간, 시와 청춘을 바쳤던 공산주의에 대한 생각이 조금 바뀌었을지도 모른다.

그들에게는 교과서가 있다

공산주의는 혁명 정신을 고취하는 참여문학의 등장에 영향을 끼쳤다. 앞에서 다룬 임화의 시에도 나타난다. 나쁘게 보자면 사상이 작가가 펼칠 상상력의 세계를 좁혔다 혹은 작품이 무언가를 위한 도구로 사용되었다고 비판할 수 있다. 물론 사회의 변혁을 위해서는 삶의 전 영역에서 애써야 한다고 이해할 수도 있다. 그런데 그렇게 사상적으로 무장하려면 이를 지도하는 무언가가 있어야 한다.

대학 시절 나는 사회에 점차 눈을 뜨면서 내가 진보와 보수(혹은 좌파와 우파) 중 어느 쪽인지 궁금해지기 시작했다. 지금 생각하면 하등 중요한 주제가 아닌데 그때는 소속감을 원했던 것 같다. 학생회나 동아리에서 활동하지 않은 터라 답을 찾기 위해 의탁할 곳은 도서관에 꽂혀 있는 책뿐이었다.

그런데 이런저런 책들을 보던 중 왜 보수 쪽에는 학습할 만한 것이 특별히 없는지가 궁금했다. 당시에는 '보수는 독서를 하지 않는다' 나아가 '말과 논리로는 진보를 이길 수 없다'는 이야기가 있었다. 대체로 그 당시 보수의 이미지는 '조·중·동을 읽으며 지나간 독재정권을 미화하는 무지한 지지자들', '부끄러움을 모르는 친일 기득권 세력들', '노동자를 억압하는 재벌 중심의 사유자들'이었고, 그들이 진보를 이기는 힘은 빨갱이라는 구호뿐이었다.

반면 소위 운동권 학생들은 소규모로 모여 무언가를 학습했다. 대체로 마르크스의 작품과 그것을 토대로 세상을 해석한 책들, 참여문학과 노래 등 그들에게는 운동이라는 실천을 위해 읽어야 할 교과서와 참고서, 실전 모의고사와 같은 교재들이 있었다.

이러한 차이가 보수에게 학습 콤플렉스를 일으켰고, 보수는 진보와의 싸움에서 이기기 위해 자신들만의 이론 정립, 가치 찾기, 텍스트 구성에 골몰했다. 예전 보수 진영의 한 인사는 가치를 진보들이 독점하고 있다며 보수의 가치를 정립해 가자고 했고 그 가치로 '자율'을 제시한 적이 있다. 하지만 그런 키워드는 보수든 진보든 누구에게나 필요한 덕목에 해당할 뿐 진보의 가치와는 다르다. 예를 들어 페미니즘을 중심으로 사람들이 모일 수는 있어도(반페미도 모일 수 있다), 자율을 중심으로 무리를 형성하고 아이덴티티를 가질 수는 없다.

진보와 보수가 대립하기 때문에, 우리는 각각이 독자적으로 형성된 대등한 사상적 원류가 있다고 생각하는 경향이 있다. 그러나 이론 체계를 가진 것은 진보이지 보수가 아니다. 왜 그럴까. 마르크스의 등장에서 그 답을 찾을 수 있다. 진보의 원류를 거슬러 올라가면 토마스 페인이나 미국의 경제학자 헨리 조지와 같은 인물들이 있지만 그들은 체계를 만들어내지 않았다. 마르크스는 완성된 진보의 철학 체계를 추구했던 헤겔의 계보(헤겔 좌파)를 이으면서도 그와 다른 독특한 콘텐츠를 만들어냈다.

마르크스는 경제 현상에 포커스를 맞춰 역사의 지배-착취 구조를 드러내 보이고, 마치 뉴턴이 물리의 법칙을 만들어낸 것처럼 이성의 빛으로 역사 발전의 법칙을 만들었으며, 나아가 미래를 예견했다. 그의 시도는 사회'과학'이란 이런 거야, 라고 외치는 듯했다.

마르크스가 규정한 진보(역사의 발전)란, 피착취자들(노예,

농노, 노동자, 여성, 성 소수자, 식민지, 농어촌, 동양 등)이 해방되는 (자유를 쟁취해가는) 과정이다. 그전까지 인류는 물질문명이 발달하고 경제적으로 풍요로워지는 것을 진보라고 생각했다. 다시 말해 '진보가 무엇인지'에 대한 규정은 절대적인 기준이 아니라 어떤 텍스트를 통해 이루어진다.

20세기의 보수란 위와 같은 마르크스의 이론과 추종자들에 대해 반응하면서 형성되었다. 프랑스혁명이라는 진보적 사건에 버크가 반응했듯이. 따라서 보수는 참고서는 있지만 교과서가 없다. 역사가 남긴 어떤 책이라도 얻을 게 있다면 읽는 것이지 특별히 어떤 사상으로 무장해야 할 이유는 없다. 주로 보수 진영에서 외치는 반공이나 반페미는 공산주의나 페미니즘에 대한 반응이지 어떤 대단한 이데올로기가 아니다.

간혹 애덤 스미스의《국부론》을 마르크스경제학과 대별해서 자유무역을 옹호하는 보수의 텍스트로 생각하는 경우가 있다. 물론 필요한 부분을 발췌해서 그렇게 활용할 수는 있다. 하지만 스미스는 보수를 대변할 생각으로《국부론》을 쓴 것이 아니기 때문에 마르크스와 집필의 동기가 다르다. 《국부론》은 최초의 경제학 이론서로, 이때의 경제학은 고전경제학이라고 불리지 보수경제학이라고 불리지 않는다. 그는 그저 인간의 경제행위를 토대로 경제학이라 불릴 만한 요소들을 발견하고 이론화했을 뿐이다.

공산당 선언

　이제 20세기 진보 진영의 필독서였던《공산당 선언》의 주요 내용을 살펴보겠다. 책에서 진보 국가의 특징을 서술한 몇 가지를 정리하면 다음과 같다.

· 토지 몰수
· 높은 누진제
· 상속권 폐지
· 반역자들의 재산 몰수
· 운송기관의 국가 소유
· 도시와 농촌의 격차 제거
· 공공무상교육

　19세기 초의 목소리지만 오늘날 진보 진영의 주장과 비슷한 느낌을 받을 것이다. 대체로 자본주의와 자유무역으로 생긴 문제에 대한 처방 조항들이다. 다음은《공산당 선언》에서 보이는 자본주의의 문제점 세 가지를 정리했다.
　첫째, 자본(돈)은 인간의 가치와 자유를 훼손한다.

　"부르주아계급은 인간의 존엄한 가치를 교환가치로 바꾸어버렸으며 정당하게 자신의 것이 되어있는 무수한 자

유를 하나의 몰염치한 상업의 자유로 대체시켜버렸다."

다시 말해 돈이 세상 모든 것을 계산할 수 있게 만들었다
는 뜻이다. 자본주의를 내버려 두면 실제로 이러한 경향을
보인다는 것을 역사적으로 확인할 수 있다. 진보 진영에서
'사람이 먼저다', '사람이 사람답게 살 수 있는 사회', '사람
이 처음이자 끝' 등 일견 당연해 보이는 슬로건을 자주 사용
하는 이면에는 비인간화를 조장하는 자본주의에 대한 저항
의식이 깔려있는 것이다.

둘째, 세계무역은 지역 산업을 궤멸시킨다.

"그들은 전 지구를 바삐 돌아다닌다. (…) 부르주아계
급은 세계시장의 패권 장악을 통해서 모든 나라의 생산
과 소비를 세계주의적인 것으로 만들었다. (…) 옛날부터
있어온 국민적 산업들은 궤멸되었거나 지금도 매일 궤멸
되고 있다."

셋째, 자본주의는 농촌이 도시에, 미개국이 문명국에,
동양이 서양에 의존하게 했다. 진보 진영이 FTA 등 세계
화에 반대하고, 재래시장이나 택시 등 전통 산업을 보호
하려 하고, 미국을 싫어하는 이유를《공산당 선언》에서
도 발견할 수 있다.

부자의 재산을 겨냥하는 까닭

자본주의의 문제점은 그렇다 치고 마르크스는 왜 개인이 자본을 소유하는 것을 부정했을까? 마르크스가 보기에 그 재산은 사회 공동의 노력에 따른 결과물이기 때문이다. 특정한 누가 그 재산을 갖게 된 것은 하나의 우연일 뿐이다. 그렇다면 나누어 가져야 마땅하지 않겠는가. 게다가 노동의 착취를 전제로 자본의 크기가 커진다고 주장한다. 그리고 다음과 같은 결론을 내린다.

"그러므로 자본은 개인적인 힘이 아니라 하나의 사회적인 힘이다."

돈은 누구 개인의 것이 아니라는 말이다. 그리고 사람답게 살지 못하고 착취당하는 90%의 프롤레타리아에게 이렇게 말한다.

"사유재산이란 10분의 9의 사람들한테는 존재해있지 않다는 바로 그 점에 의해 존재한다."

혹시 당신이 10분의 9 집합에 포함된다는 생각이 든다면 마르크스가 마음에 들 가능성이 있다.

마르크스 외에도 누군가의 성취가 단순히 그 사람 본인의 노력과 역량에 의한 것이 아니라는 '우연'의 논리를 주장한 사람들이 있다. 책의 뒤에서 다룰 미국의 철학자 존 롤스John Rawls와 미국의 정치철학자 마이클 샌델Michael Sandel이다. 당신에게는 위대한 사상가들이 이런 애매모호한 용어를 말한다는 사실이 다소 생경할지도 모른다. 그러나 '우연'은 공산주의는 물론, 사회적 자유주의나 공동체주의의 이론 구성을 가능하게 하는 핵심이다. 또한 오늘날 진보와 보수 사이의 쟁점들을 이해하기 위해서도 숙고해야 한다.

자유주의 내에서 '우연'에 대한 논쟁이 이루어졌다는 점은, 자본주의가 몰락할 것이라고 말한 마르크스의 예언이 들어맞지 않은 하나의 이유를 설명해준다. 자본주의는 내부의 문제를 해결하기 위해 마르크스의 논리 일부를 받아들여 진화하면서 살아남았기 때문이다.

○ 보수는 진보만큼 체계적인 이론을 갖고 있지 않다.

○ 보수는 진보적 아젠다에 대한 반응이다.

○ 정치권에서 통용되는 진보는 사전적 의미의 진보와 다르다.

○ 마르크스, 롤스, 샌델 모두 부와 재능은 일정 부분 우연의 결과라고 말했다.

6

'보이지 않는 손'은
그런 것이 아니다

자유에 대한 보수의 착각 1. 애덤 스미스

지금까지 18~19세기 이데올로기가 형성된 과정을 짚어봄으로써 진보와 보수의 본래 의미가 무엇인지 살펴보았다. 그런데 1장을 마무리하기 전에, 한국인들이 보수 이념을 왜곡된 시선으로 본다는 점을 지적하려고 한다. 이는 보수의 바깥 사람들이 보수 이념을 평가할 때도, 보수를 표방하는 사람들이 스스로의 이념을 규정할 때도 그렇다.

후자는 한국의 보수 진영이 가진 자유(주의)에 대한 오해 때문으로 보인다. 이 오해를 풀기 위해 다음 두 질문에 대해 자유주의의 관점에서 생각해보자. 첫째, 정부는 시장을 그냥 내버려 두는 게 최선일까? 둘째, 복지 정책의 확대는 자유주의에 반할까? 먼저 첫 번째 질문에 답하기 위해 보수들이 늘 소환하는 고전경제학의 아버지 애덤 스미스Adam Smith의 목소리를 들어보겠다.

마켓은 자연(스스로 그러함)이다

얼마 전 쓰던 노트북을 당근마켓에서 처분했다. 이 마켓은 2021년 8월 말일 기준 가입자 수 2,100만 명, 월간 활성 이용자 수 1,500만 명을 넘어섰다. 2018년 기준 대한민국 인구가 5,164만 명이니 벌써 절반 가까이 이용하고 있다. 유아나 노인 인구를 감안하면 곧 국민 모두의 장터가 될 듯싶다.

국가는 한 번도 이 앱을 휴대폰에 깔라고 장려한 적이 없다. 어느 날 운영자가 자비심이 아닌 이기심으로 앱을 출시했고, 국민의 절반이 고민 없이 모였다. 이처럼 시장이란 스스로 알아서 만들어진다. 《국부론》의 저자, '보이지 않는 손an invisible hand'으로 유명한 애덤 스미스는 인간의 연결 본능을 전통적으로 충족시켜주던 곳이 시장이라고 설명한다.

오늘날 이 본능은 화려하게 꽃을 피우고 있다. 바다 건너 이름 모를 푸줏간이나 양조장, 빵집 주인을 시장뿐 아니라 온라인 게임으로 만날 수 있고 SNS를 통해 공감을 확대해나간다. 살아가는 데 꼭 필요하거나 혹은 돈을 벌기 위해서가 아니다. 우리에게 남과 소통하려는 본능이 있기 때문이다.

시장이나 온라인 커뮤니티에서 펼쳐지는 모종의 역할 분담(분업)도 자연스레 형성된다. 우리는 교류를 통해 살아가면서 필요한 모든 것을 스스로 해결하지 않아도 된다는 사실을 알게 된다. 스미스는 분업이 일어나는 이유도 경제적 이익보다는 인간의 성향, 즉 '하나의 물건을 다른 물건과 교환하는 성향propensity to exchange' 때문이라고 설명한다. 이처럼 시장은 생존을 위한 처절한 전쟁터이기 이전에, 사기꾼들이 활개 치는 곳이기 이전에, 기본적으로 서로에게 이익이 되고 공감을 나누는 장소다.

감정도, 시장도, SNS도 자연스럽다. 이 관점에서 정치판의 쟁점을 바라보자. 보수 정당은 진보 정당에게 흔히 '시장에 대한 이해가 부족하다', '시장을 이기려고 하면 안 된다'와 같은 비난을 하곤 한다. 이 말의 이면에는 시장은 '저절로 만들어진 것'이고 이에 대한 개입은 '인위적인 것'이라는 대비적인 구도가 깔려 있다.

뭐든 자연스러운 현상을 이기기란 쉽지 않다. 생리현상도 상황에 따라 참을 뿐 늘 참다가는 탈이 나지 않는가. 국가가 자연스러운 현상에 대해 인위적 해결을 가할 때는 지극히 전략적인 접근을 해야 성공할 수 있다.

스미스는 시장을 무시하고 인위적인 해결을 가하려는 이들을 '어떤 체제에 매몰된 사람man of system'이라고 불렀다. 그리고 사회 구성원을 마치 아무 때나 이곳저곳에 배치할 수 있는 체스판 위의 말처럼 여겨서는 안 된다고 비판했다.

"인간 사회라는 거대한 체스판에서는 모든 말 하나하나가 자기 자신의 운동 원리를 가지고 있다."

누구에게나 각자의 '운동 원리'가 있다는 말이 당신에게
는 어떻게 다가오는가? 나처럼 100명의 사람 중 어느 하나
똑같은 사람은 없다고 생각하는 이라면 확 와닿을 것이다.
강남 아파트 거주자들도 같은 부류로 보이지만 각자의 운동
원리라는 게 있다. 지옥고라 불리는 지하방, 옥탑방, 고시원
거주자들도 마찬가지다. 하지만 규제하고 세금을 부과하면
강남 집값이 시원스럽게 잡히고 서민들의 전세, 월세도 떨어
지라고 믿는 사람들은 이 운동 원리를 간과하고 있다.

갓 만들어진 어떤 법안이 우리의 운동 원리와 심각하게
충돌하면 체스판의 게임은 불행하게 진행될 수밖에 없다. 그
러니 지도자가 최소한의 정합성을 맞추지 못하고 의욕만 넘
친다면 어떻겠는가. 진보 진영의 정책 실패는 대부분 스미스
의 이 논의로 설명할 수 있다.

그러한데, 애덤 스미스는 정말 시장을 그저 내버려만 두
면 된다고 이야기했을까?

보이지 않는 손에 도덕 감정이 있다고?

> *"우리가 매일 식사를 마련할 수 있는 것은 푸줏간과 양*
> *조장, 빵집 주인의 자비심 때문이 아니라 그들 자신의 이*
> *익을 위한 그들의 고려 때문이다."*

애덤 스미스가 '보이지 않는 손'의 위력을 말한 이 대목은 《국부론》 4편 2장에 딱 한 번 나옴에도 불구하고 보수들이 두고두고 애용하는 마법의 주문이다. 그냥 놔두면 시장에서 알아서 굴러가니 국왕은 개인과 사회의 이익을 위해 애쓰는 무거운 짐을 내려놓아도 좋다는 말이다.

과연 스미스가 시장의 자율적 작동을 통해 해결하려 했던 현실의 문제는 무엇이었을까. 그는 영국이 식민지 무역에 부과한 여러 규제를 완화하거나 철폐할 것을 제안했다. 이는 앞서 보았던 정치인 에드먼드 버크의 요구이기도 했다. 다시 말해 스미스의 보이지 않는 손은, 시장에서 누군가의 독과점을 방치하고 옹호한 게 아니라 식민지 경제를 억압에서 해방할 것을 요구했다.

모든 고전을 읽을 때 주의해야 할 자세지만, 우리는 책이 쓰일 당시의 시대적 맥락을 이해해야 한다. 전 서울대학교 명예교수였던 고故 박세일 교수가 일찍이 지적했듯이 스미스의 《국부론》을 관통하는 자유방임은 공정한 경쟁을 위한 '반독점 선언'에 해당한다. 진정한 자유방임은 경제에 대한 정부의 불개입을 의미하는 것이 아니라 정부의 개입과 불개입을 동시에 요구한다. 독점을 낳는 기존의 정부 규제는 철폐되어야 하며, 공정한 경쟁을 제한하는 기존의 독과점 구조에 대해서는 개입하는 반독점 정책이 필요하다. 이것이 진정한 의미의 스미스적 자유방임론이다.

'보이지 않는 손'에 대한 오해는 생전에 두 권의 책을 남긴 스미스의 또 다른 저서에 대한 이해가 충분하지 않기 때문이기도 하다. 1776년에 출간된《국부론》은 1759년에 출간된 전작인《도덕감정론》의 기반 위에서 탄생했다. 제목을 보고 퍽 궁금했다. 이기심을 옹호한 경제학의 아버지가 대체 어떤 도덕을 이야기할지. 그는 인간관계에서 만들어지는 '감정sentiments'으로 경제 현상을 해석한다. 앞의 인용(93쪽 참조)에서 자비심, 이기심을 언급한 것도 그 때문이다. 그런데 참 이상하다. 경제학은 수학을 활용하는 사회과학이 아닌가. 도덕이라니, 감정이라니.

인간은 왜 좋은 집과 차를 가지고 싶어 할까

"분노하라!"

진보가 대통령 탄핵을 주장하면서 내건 캐치프레이즈다. 분노의 감정을 공유한 이들이 광장에 모여서 촛불을 들고 구호를 외치고 노래를 부른다. 사람들은 누구나 불쾌한 감정을 해소하고 싶어 해서 이 감정을 유발한 행위에 대해 처벌을 요구한다. 우리는 이를 통해 정의로운 사회를 향해 한 발짝 앞으로 나아간다고 믿는다. 스미스는 분노의 감정이 인간 사회의 정의를 세우는 토대가 된다고 말한다.

이제 다른 감정을 살펴보자. 우리는 왜 경쟁을 할까. 꿈을 실현하기 위해서? 사회를 이롭게 하고 싶어서? 어려운 사람을 도와주고 싶어서? 스미스의 관점에서 그런 설명은 표면적 이유에 불과하다. 하지만 이런 질문은 계속해볼 필요가 있다. 우리는 왜 부자가 되고 싶을까? 왜 좋은 대학에 가고, 왜 좋은 직장을 갖고 싶을까? 편안하고 안락한 삶을 위해서? 일면 그 말은 맞다. 그러나 스미스는 그 이유를 타인의 시선에서 찾는다. 남들의 인정을 받고 싶다, 남들의 부러움을 사고 싶다. 스미스는 이를 '허영심vanity'이라고 표현했다.

스미스가 제안한 대로 무인도에서 혼자 사는 경우를 가정해보자. 우리는 먹을 것을 찾고, 눈비와 추위, 더위를 피해 잘 곳을 찾거나 만들 것이다. 또 여가의 즐거움을 위해 몇 가지 취미를 가지면서 삶을 영위할 것이다. 그러나 굳이 어떤 브랜드가 박힌 가방이나 약간의 좋은 성능을 위해 훨씬 큰 노력을 쏟아야 하는 자동차를 가지기 위해 노력하지 않을 것이며, 굳이 섬의 중앙에 가서 거대한 닭장처럼 보이는 아파트를 짓고 살려고 애쓰지도 않을 것이다.

즉, 스미스는 우리에게 돈을 벌어 명품 가방을 들고, 좋은 차를 몰고, 비싼 아파트에서 살고자 하는 바람이 생기는 이유를 우리가 타인의 시선을 의식하기 때문이라고 설명한다. 그는 인간의 이 불완전한 정서를 경제 현상과 관련지었다. 인간은 타인의 인정과 부러움을 받고 싶어 노력하고 경쟁해왔다. 그 결과 인류는 더 잘 먹고 잘살게 되었다. 정리하자면 다음과 같은 흐름이다.

$$허영심 \longrightarrow 경쟁 \longrightarrow 경제성장$$

스미스는 선으로도, 악으로도 흐를 수 있는 인간의 불완전한 감정이 경제성장이라는 사회 발전에 기여할 수 있는 경로를 발견한 셈이다. 따라서 스미스는 인간의 감정을 제어하기보다는 사회를 위해 유용하게 활용할 것을 전략적으로 도모했다. 이를테면 교육에 대한 그의 방안은 이렇다.

"교육의 위대한 비밀은 허영심을 적절한 대상으로 향하도록 하는 것이다. 그가 사소한 성취를 가지고 자신을 지나치게 높게 평가하도록 그냥 내버려 두어서는 안 된다. 그러나 정말로 중요한 일의 성취에 대해 그가 자부심을 갖는 것을 언제나 억제해서도 안 된다. 그런 것들을 소유하고자 진지하게 욕구하지 않는다면 그는 그러한 성취들을 위해 감히 나서지 않을 것이다. 그러므로 이러한 욕구를 격려해주어야 한다."

스미스 왈, 허영심을 억제할 것이 아니라 방향을 잡아주고 격려하자.

인간은 경쟁으로 행복해질 수 없다

지금까지 애덤 스미스의 자연스러운 감정과 자연스러운 시장, 자연스러운 정책에 대해 이야기했다. 이제 스미스에 대한 오해의 매듭을 하나 풀기 위해 화제를 돌려보겠다. 스미스는 경쟁으로 사회가 부유해질 수 있지만 인간이 결코 행복해질 수는 없다고 말한다. 그러면서 그리스 에피루스의 국왕 이야기를 꺼낸다.

에피루스 국왕은 그 신하에게 자신이 예정하고 있던 모든 정복 과정들을 차례대로 설명해주었는데 그 최후의 정복 계획에 이르렀을 때 신하가 말했다.

"그런 다음에 폐하께서는 무엇을 하실 작정이십니까?"

그러자 국왕이 대답했다.

"그런 다음 나는 친구들과 더불어 즐겁게 지낼 게다. 술을 마시면서 친구들과 사귀도록 노력할 거야."

신하가 다시 물었다.

"그러면 무엇이 지금 폐하께서 그렇게 하시는 것을 방해하고 있습니까?"

이어서 스미스는 말한다.

"우리가 진정한 행복을 위해 기대하는 즐거움은 사실 현실의 초라한 지위에서도 언제든지 손안에 넣을 수 있고 언제든지 마음대로 즐길 수 있는 즐거움들과 같다. (…) 당신은 절대다수 사람의 불행은 그들이 자신의 한창 좋은 때가 언제인지, 조용히 앉아서 만족하고 쉬어야 할 때가 언제인지를 알지 못했기 때문에 생긴 것임을 알게 될 것이다."

경제학의 아버지라 불리는 경제학자가 갑자기 인문학자가 된 걸까. 사실 스미스가 《국부론》을 펴낸 시기만 하더라도 오늘날처럼 학문이 분화되어 있지 않았다. 이는 당시의 학자들이 대체로 인문학자이기도 했다는 것을 의미한다. 스미스는 우리에게 행복은 지금 이 순간 결단하기에 달려있다는 메시지를 던진다. 더 많은 나라를 정복하지 않아도, 가방끈이 더 길어지지 않아도, 서울의 아파트를 소유하지 않아도, 공무원 시험에 합격하지 않아도, 대기업 직원이 아니어도 우리는 행복할 수 있으며, 초라한 지위에서 행복을 발견하지 못하는 사람은 나중에 지위가 높아졌다 하더라도 결코 발견할 수 없다는 것을.

스미스는 인간의 허영심에 의한 경쟁이 국부로 연결되는 과정을 설명했고 시장에서의 경쟁이 자연스러운 현상이라고 보았지, 경쟁이 인간이 가야 할 아름다운 사회의 모습으로 묘사하지 않았다. 그리고 노예가 아닌 진정 자유인으로 살기 위한 유일한 방법으로 '야심의 영역 속에 절대로 들어가서는 안 된다'고까지 말한다.

스미스는 결코 이기심 예찬론자가 아니었다. 다만 이기심이라는 동기의 강력함을 인정했을 뿐이다. 그리고 그 감정이 '자유롭고 공정한 시장' 하에서 작동할 때 모두가 부유해질 수 있음을 밝혔다. 따라서 '자유롭고 공정한 시장'을 전제하지 않은 이기심은 스미스의 경제학 공식에 적용될 수 없다. 그의 저서 《도덕감정론》에 따르면 전제 조건 없는 이기심은 사회도 개인도 불행해지는 결과를 낳는다. 애덤 스미스는 그 전제 조건이 유지되지 않는 시장의 상황을 용납하지 않을 것이다. 스미스는 말한다.

"누군가 자기 경쟁자 중 누군가를 밀어제치거나 넘어뜨린다면, 관찰자들의 관용은 거기서 끝난다. 그것은 공정한 경쟁을 위반하는 것으로 관찰자들은 그것을 용납할 수 없다."

걸핏하면 애덤 스미스가 한 번밖에 사용하지 않은 '보이지 않는 손'을 내밀고 경쟁을 미화하는 보수 진영은 반성해야 한다. 한국 사회가 공정한 경쟁의 룰에 지배된다고 생각할 사람이 몇이나 될까? 아이를 낳지 않는 것도 내 아이를 공정한 출발선에 세울 수 없다고 생각하는 부모들의 자연스러운 '감정'의 결과가 아니겠는가.

식민지 미국이 공정한 경쟁을 할 수 있도록 촉구했던 스미스가 오늘날 공정한 경쟁을 방해하는 한국 사회의 온갖 것들을 보면 어떤 세 번째 작품을 써냈을까. 어떤 대안을 내놓았을까. 인간의 감정과 정서를 토대로 국가가 어떤 방향으로 공정과 정의를 실현할 수 있을지 썼을 것이 분명하다. 스미스 경제학의 힘은 인문학, 즉 인간다움에 대한 통찰에서 나오기 때문이다.

○ 애덤 스미스의 《국부론》은 전작인 《도덕감정론》의 기반
위에서 탄생했다.

○ 스미스의 관점에서 인간이 경쟁하는 이유는 허영심 때
문이고 경쟁은 경제를 성장시킨다.

○ 스미스는 경쟁을 위한 공정한 시장을 상정했다. 기울어
진 운동장에서 경쟁하라는 것은 스미스 경제학을 왜곡
하는 것이다.

○ 스미스는 경쟁으로 결코 인간이 행복해질 수 없다고 말했다.

7
불평등은 당연하지 않다
자유에 대한 보수의 착각 2. 존 롤스

앞에서 애덤 스미스를 통해 '정부는 시장을 그냥 내버려 두는 게 최선일까?'의 답을 들어보았다. 이제 두 번째 질문인 '복지 정책의 확대는 자유주의에 반할까?'에 답하기 위해 《정의론》으로 유명한 존 롤스를 소환하려 한다.

한국의 보수들이 굳게 믿고 있는 자유주의는 liberalism이 아니라 자유지상주의, libertarianism에 해당한다. 이에 대한 반작용으로 진보는 '자유민주주의'라는 지극히 당연한 말을 피하려 한다. 결과적으로 우리는 세계에서 가장 자유의 개념을 축소한 나라에서 살고 있다.

당신은 복숭아인가 양파인가

　단단한 복숭아를 좋아하는 사람도 있고 물컹한 복숭아를 찾는 사람도 있다. 단감이나 홍시 취향과도 비슷한데, 나는 각각 나름의 맛이 있다고 생각한다. 그런데 뭘 먹든 복숭아라면 단단한 씨 하나가 남는다.

　서양의 어느 정치철학자는 자유주의가 설정한 인간상을 복숭아씨에 비유하면서 양파와 대비한 적이 있다. 앞서 자유주의는 개인에 대한 발견에서 시작되었다고 했다. 우리는 각자 어느 하나 완전히 똑같지는 않은, '자아'라는 씨를 가지고 있다. 싱싱했을 때나 썩어서 먹지 못하게 됐을 때나 과육 안 씨는 그대로인 것처럼 당신이 부자였을 때도, 가난했을 때도, 상큼했을 때도, 어찌할 수 없는 주름이 늘었을 때도, 쌉쌀한 맥주를 혹은 달콤한 와인을 좋아했을 때도 당신에게는 변치 않는 하나의 씨, 자아가 존재한다.

　한편 양파는 어떤가. 껍질을 까고 또 까나가면 아무것도 남지 않는다. 복숭아씨처럼 "먹기 전엔 몰랐지? 진짜는 나야!"라고 주장할 만한 게 없다. 인간이 만약 양파와 같다면, 내 안에는 '변치 않는 나'라고 할 만한 뭔가가 없다. 양파 껍질 까듯 사회적 관계와 역할을 하나씩 벗겨내면 마지막엔 아무것도 남지 않는다.

　만약 내가 양파라면 이렇다. 어머니에게는 아들, 아내에게는 남편, 아들에게는 아버지, 형에게는 동생, 직장에서는 연구원, 주로 새벽에 하는 일로는 작가, 사는 곳으로 말하자면 동작구민. 이 일곱 가지 껍질을 벗겨내도 여러 껍질이 있겠지만, 여하튼 나를 규정하는 것은 이러한 사회적 관계들이다.

물론 관계는 변한다. 나는 삶에서 더 많은 기간 남편이나 아버지가 아니었으며, 작가도, 연구원도, 동작구민도 아니었다. 우리는 복숭아씨처럼 변하지 않는 무언가가 내 안에 있다고 생각하지만 과학적으로 검증할 수는 없다. '나'란, 세월에 따라 여러 관계에 의해 끊임없이 변화하는 존재다.

어떤 설명이 마음에 드는가? 이 선택은 다음에서 논의할 야구 선수 류현진의 연봉이 정당한지 아닌지와 연결된다.

류현진의 연봉은 정당한가

토론토 블루제이스에서 류현진이 받는 평균 연봉은 2,000만 달러로, 4년이면 총액이 무려 8,000만 달러다. 2,000만 달러는 2021년 10월 기준 한화 235억 9,000만 원이다. 등판할 때마다 거의 실점하지 않는 외계인 같은 몇몇 플레이어들을 제외하면 MLB 최상위 그룹에 속하는 고액이다. 물론 자유주의에서 시장의 선택은 언제나 옳다고 받아들여진다. 냉정히 말해 잘생기지도 않은(물론 필자의 기준이다) 류Ryu에게 1,000만 달러면 될 걸 괜히 2,000만 달러를 지급하는 게 아니다. 높은 연봉은 류현진의 능력과 노력의 결과이다.

그러나 의아한 점이 있다. 꿈의 무대인 메이저리그 주전 선수들의 실력에는 큰 차이가 없기 때문이다. 국내에서 왼팔 투수 라이벌로 꼽혔던 메이저리거 김광현의 2021년 연봉은 400만 달러다. 류현진이 김광현보다 나을 수는 있지만 5배 잘 던지는 투수는 아니다.

공동체주의자로 분류되는 마이클 샌델은 류현진의 연봉을 가능하게 하는 '복숭아씨 인간관'을 비판했다. 샌델은 자신의 저서 《정의란 무엇인가》에서 NBA 역대 최고 스타였던 마이클 조던의 연봉에 문제를 제기했다. 샌델의 관점에서는 조던이 옆에서 뛰는 선수보다 조금 더 혹은 훨씬 더 잘한다고 하더라도, 농구를 잘한다는 이유로 천문학적인 연봉을 받는 계약은 정의롭지 않다.

조던이 혼자 플레이했다면 결코 스타가 될 수 없었을 것이다. 조던은 팀 동료, 식스맨과 후보들, 승패를 겨루는 다른 팀의 선수들이 있기 때문에 주목을 받을 수 있었다. 이것이 스타를 바라보는 공동체주의의 관점이다. 남에게 피해를 주지 않았다는 것, 시장에서의 선택이라는 것만으로 정당화되지 않는다.

이제 자유주의 내부로 눈을 돌려보자. 자유주의, 즉 양파가 아닌 복숭아씨 인간관 하에서는 류현진의 연봉을 비판할 수 없을까. 20세기 공산주의와의 싸움에서 완승을 거두고

21세기 공동체주의의 견제만 비껴나가면, 류의 연봉은 시장의 선택이며 온전히 그의 것이라고 확정 지을 수 있을까.

이에 답하기 위해 두 명의 자유주의자를 소환하려 한다. 그리고 대한민국에서 통용되는 자유는 21세기의 기준에서 볼 때 매우 편협한, 혹은 진화되지 못한 개념에 멈춰있다는 점을 보이려고 한다. 먼저 존 롤스의 정의론을 보겠다.

롤스의 정의론

얼마 전 평생 자유와 평등에 대해 연구해온 어느 석학을 개인적으로 만나 뵐 일이 있었다. 내 질문에 선생께서는 롤스의 정의론이 21세기 우리 사회가 추구해야 할 모델이라고 이야기하면서 롤스는 자유주의자라는 점을 강조했다. '롤스'라고 하면 자유보다 평등이나 공정 등의 단어가 먼저 떠오른다. 대학 시절 롤스를 접했던 교양 강의의 이름도 '정의 사회와 평등'이었다. 롤스는 어떤 자유를 이야기하는가?

롤스는 자유liberty를 최상의 가치로 여긴다. 다만 모든 사람에게 골고루equal 나누어져야 한다고 이야기했다. 이는 평등에 대한 롤스의 정의이기도 하다. 또한 사회에서 불평등이 나타날 수 있다고 말했지만 두 가지 단서를 달았다. 불평등의 결과 첫째, 가장 어려운 사람들에게 혜택이 가야 하고 둘째, 직업을 비롯한 균등한 기회가 모두에게 부여되어야 한다. 평범한 이야기 같지만 그렇지 않다. 롤스가 제시한 두 단서는 불평등이 나타나기 위한 필요조건에 해당한다. 다시 말해 두 단서가 유의미하게 해결되지 않는 한 불평등은 허용되지 않는다.

현실에 적용해서 생각해보면 이렇다. 부모님으로부터 10억짜리 아파트 한 채를 물려받은 친구, 물려받을 재산이 없는 나, 그런 나보다 못사는 친구, 세상에 이렇게 세 명이 존재한다고 하자. A가 증여를 받아 세 사람 사이에 경제적 불평등이 발생한다면, 그 결과 가장 가난한 C에게 혜택이 돌아가야 한다. 물론 가장 간단한 해결 방법은 A에게 증여세를 받아서 그것으로 C가 거주하는 공간을 확보하도록 도움을 주는 것이다. 만약 그렇지 않다면 증여를 허용해서는 안 된다. 또한 A, B, C는 공무원이 되거나 대기업에 입사하기 위한 동일한 기회를 제공받아야 한다. 하지만 현실은 이론만큼 녹록하지 않다.

사회 구성원의 평등에 관심을 기울이니 롤스와 샌델에게서 비슷한 느낌을 받을 수 있다. 하지만 샌델은 정치철학의 논쟁에서 롤스의 인간관을 비판한 적이 있다. 롤스가 복숭아씨와 같은 개인주의에 기반한 인간관, 이른바 무연고적 자아관을 갖고 있다면서, 그러한 자유주의의 관점에서는 사회정의를 실현하는 데 한계가 있다고 비판했다.

아마도 롤스는 샌델과 달리 류현진과 조던의 계약이 잘

못되었다고까지는 말하지 않을 것이다. 그야말로 거래 당사자들끼리의 자유니까. 그러나 사회적 불평등을 만들어내는 연봉은 앞서 말한 조건(불평등이 만들어질 때 가장 어려운 사람들에게 혜택이 가야 한다) 하에서만 허용되어야 하고, 사실상 류현진이 엄청난 세금을 내야 하는 것으로 귀결된다.

이렇게 다른 인간관에서 출발한 롤스와 샌델이(나아가 마르크스까지도) 개인의 성공에 사회적 '태클'을 거는 중요하고 공통적인 이유가 있다. 그들은 누군가의 노력과 능력만으로 고액 연봉이 얻어진다고 생각지 않는다. 지위는 상당 부분 우연에 의한 결과다. 그리고 이 '우연'의 매커니즘은 한국의 자유주의자들이, 한국의 보수들이 한번은 숙고해야 할 매우 중요한 원리다.

우연이 개입하지 않는 곳은 없다

유튜브가 유행하면서 여러 채널을 구독하기 시작했다. 그런데 처음에 가장 이해가 되지 않았던 것이 있다. 바로 먹방 채널의 구독자 수였다. 남이 먹는 모습을 왜 열심히 보는 걸까? 그러던 내가 요즘은 퇴근길에 습관적으로 '광마니'라는 채널을 보면서 저녁 식욕을 고조시킨다.

이 유튜버는 많이 먹는다는 말로는 부족할 만큼 많이 먹는다. 누가 맛있게 잘 먹는 모습을 보면 보는 이도 시원스런 느낌이 들지 않는가. 나는 그가 반찬 하나, 국물 한 방울 남기는 것 없이 해치우고 그릇들을 탑처럼 쌓는 장면을 보면서 힐링을 경험한다. 그런데 광마니가 가진 장점이 하나 더 있다. 정말 착하게 생겼다. 물론 개인적인 생각이다.

어쨌든 많이 먹는 것과 착한 외모는 노력과 능력의 결과라기보다는 타고난 우연에 해당한다. 인류 역사의 장구한 세월에서 이 두 요소는 유튜브가 유행하기 전까지는 돈을 버는 것과 거리가 먼 특성이었다. 특히 많이 먹는 것은 생존 경쟁에서 매우 불리한 특성이었다고 봐야 한다. 물론 광마니 채널의 흥행은 그가 직장을 그만둔 결단과 노력의 결과다. 하지만 이는 하필 광마니가 조선 시대도, 산업화 시대도, 독재 시대도 민주화 시대도 아닌 2020년대라는 디지털 시대에 살고 있기에 가능한 결과이기도 하다.

더 놀라운 성공 스토리를 들려주겠다. 나는 2015년에 한 무명 작가를 알게 되었다. 사실 그는 작가보다 작가 지망생에 가까웠지만, 권위 있는 문예지의 신인상 최종심에 올랐을 정도로 탄탄한 필력을 갖추고 있었다. 그가 인터넷에 올린 다섯 살 때의 어렴풋한 기억을 소재로 삼은 짧은 에세이는 내게 오랫동안 진한 여운을 남겼다. 그러나 현실의 그는 무직이었다. 순수문학의 꿈을 버리지 않았지만 그는 나이도 있고 결혼도 앞두고 있었기에 새로운 일을 시작했다. 그 일이란 유료 웹툰 사이트에서 성인물의 스토리를 쓰는 것이었다.

나는 당시 그와 맥주 한잔을 기울이며 성인물에도 작품성을 따지는 사람들이 있어 나름의 팬덤이 형성될 거라고 격려했다. 2021년 지금 그는 어떻게 되었을까. 그 시장의 조회수 1위를 기록하는 작가로 월 1억에서 2억 사이의 소득을 올리고 있다. 온라인 플랫폼이 없었던 시절의 만화 스토리 작가와 비교해보자. 그의 소득은 노력과 실력만의 결과일까.

하나 더. 천부적인 특성이야말로 순순히 자신의 것이라고 생각할 수 있다. 그러나 그 특성은 자신의 의지와 무관하다. 아인슈타인, 빌 게이츠, 마크 저커버그, 모차르트 등 천재라 불리는 이들도 본인의 의지와 무관한 특성을 갖고 태어났다. 야구를 좀 아는 이들이라면 류현진이 야구 감각을 갖고 태어났을 거라는 데 동의할 것이다. 하지만 행운에 의한 소유는 '도덕적으로 정당화'되지 않는다. 순환 논리 같지만 이유는 간단하다. 운으로 부여되었기 때문이다.

하버드대 교수인 마이클 샌델이 매년 신입생에게 묻는 질문이 있다고 한다. 집안에서 맏이인 사람은 손을 들라는 것인데, 매년 수강자의 70% 정도가 손을 든다고 한다. '하버드의 신입생 중 70%는 장남이나 장녀다'가 체계적으로 검증된 명제는 아니지만 샌델의 경험 세계에서는 진리다. 그들이 만약 집안의 둘째나 막내로 태어났다면 20세가 되었을 때의 상황이 달랐을 수 있다. 이처럼 어떤 성취에는 우연의 요소가 분명히 개입한다.

페어플레이가 가능한 무대를 만들어야 한다

사정이 이러한데 시장의 불평등이 발생하는 지점에 국가가 개입하는 것을 두고 "공산주의도 아니고 자유주의국가에서 뭐냐?"라든지, "우리 자본주의국가 아니야?"라고 한다면, 냉전체제였던 20세기에 살고 있는 사람이 아닐까.

자유주의가 '나의 자유가 소중한 만큼 너의 자유도 소중하다'는 것을 기반으로 하기에 사회 구성원 모두의 자유에 대해 생각하지 않을 수 없다. 그리고 앞서 논의한 바대로 자유주의의 발생 원리를 돌아보건대 '평등을 배제한 자유'는 상상할 수 없다. 이때 실패한 공산주의 혁명 이야기를 꺼낼 필요는 없다. 또한 자본주의는 경제 현상과 성장, 투자와 기업의 혁신 등에 대한 원리와 관점을 제공하지, 세금과 관련해서 '내 재산은 건드리지 말라'는 원칙을 선포하는 주의가 아니다.

롤스 정의론의 핵심을 쉽게 이해하려면 스포츠에서의 페어플레이를 생각하면 된다. 그가 쓴 논문의 제목은 〈Justice as Fairness〉, 해석하면 〈공정으로서의 정의〉다. 정의가 무엇이냐는 물음은 너무 막연하지만 '페어fair'는 좀 더 쉽게 와 닿는다.

롤스의 관점에서는 어떤 부모를 만났는지에 따라 가난의 대물림이 가능하다. 그러나 동일한 롤스의 관점에서 가난을 물려받은 아이가 직업의 선택에서 균등한 기회를 제공받지 못하는 것은 '페어'하지 않다. 그 기회는 교육의 기회와 사슬처럼 연결되어 있다. 부잣집 아이가 원어민에게서 영어를 배우고 해외로 어학연수를 다녀오는데 흙수저들은 유튜브를 켜놓고 공부한다면 역시 페어하지 않다. 이 상황을 자본주의니 어쩌니 하면서 당연하게 받아들일수록 정의(혹은 공정) 감수성은 하락한다. 단순히 '가난을 부끄러워하지 말아라', '열심히 노력하면 너도 성공할 수 있다'와 같은 태고 시대의 해결책이 통하던 때는 지났다.

자유주의는 어떤 경우에도 경쟁이 잘못되었다고 이야기하지 않는다. 그러나 그 경쟁의 결과가 정당하려면 최소한의 페어플레이가 가능한 운동장을 조성해야 한다. 그럼 어떻게 환경을 만들어야 할까? 국가는 바로 그 문제를 해결하기 위해 존재한다.

그런데 보수는 자유지상주의를 말한다

이제 우리에게 보다 친숙한 자유에 대해 이야기하려 한다. 미국의 자유주의 철학자이자 롤스의 정의론을 비판한 로버트 노직Robert Nozick은 다음과 같은 유명한 말을 남겼다.

> *"소득에 세금을 부과하는 것은 국가가 강제로(우리를) 노동시키는 것과 마찬가지다."*

무슨 말인가. 세금은 소득의 일부를 내는 것인데 국가가 강제로 노동을 시키는 것이라니? 노직에 따르면 국가가 내 소득의 일부를 가져갈 권리가 있다면 내 시간(혹은 노동)의 일부를 가져갈 권리 또한 있다. 가령 국가가 내 수입의 30%를 가져가는 것은, 내 시간의 30%를 국가를 위해 일하라고 명령하는 것과 본질적으로 같다. 만약 '당신 세금 낼래, 아니면 주말에 와서 일할래?' 중에 하나를 택하라면 후자를 택할 사람이 적지 않을 것이다.

이 주장의 흐름을 잘 살펴볼 필요가 있다. 세금 부과 → 강제노동 → 내 신체의 자유 제약 → 나에 대한 부분적 소유권 국가에 양도. 세금 부과 자체가 국가가 개인에 대한 일부 소유권을 주장하는 것으로, 자유에 대한 침해라는 것이다. 고소득자에게서 세금을 걷지 않으면 가난한 사람들의 문제는 어떻게 해결해야 하나? 노직은 순수한 기부에 의해 해결해야 한다고 주장했다.

노직은 왜 롤스나 샌델과 달리 타인이나 사회를 생각하는 배려가 부족할까. 그는 사회, 공동체 등은 우리가 상상해 낸 것이고, 실제로는 존재하지 않는다고 보았다. 실제 존재하는 것은 개인과 개인이다. 노직은 사회라는 상상의 보드판을 설정해놓고 거기에 누진세와 같은 게임의 규칙을 만드는 것 자체가 부당하다고 이해했다. 국가는 외적으로부터 전쟁을 막는 국방, 도둑이나 사기, 폭력으로부터 보호하는 치안

등의 역할을 하는 기관일 뿐이다. 노직은 국가가 그 이상의 비용을 세금으로 걷어서 복지 정책에 쓰는 것은 신체의 자유라는 인간의 가장 근본적인 자유를 훼손한다고 여겼다.

노직의 논리 구조는 간결하고 명료하다. 그는 밀의《자유론》에서 보이는 '국가 vs. 개인'의 구도에서 국가 개입의 한계를 매우 소극적으로 설정했고, 국가가 침해할 가능성이 있는 자유, 소유권, 신체의 자유에 집착했다. 하지만 엄연히 나타나는 사회의 부조리를 기부만으로는 해결할 수 없다. 이런 노직의 주장을 자유주의 안에서도 자유지상주의libertarianism로 구별해서 부른다.

대한민국의 보수가 이야기하는 자유는 대체로 노직의 자유지상주의에 해당한다. 하지만 이는 20세기 펼쳐졌던 자유주의 내부의 정의 논쟁 중 하나의 부분, 그것도 마이너리티 주장에 불과하다. 물론 우리나라 보수가 이런 자유관을 가지게 된 이유가 있다. 해방 후 남북 대치 상황 속에서 자유가 '(공산주의로부터) 사유재산 보호'와 동의어처럼 사용되었기 때문이다. 실상 가진 것도 별로 없으면서 반공 이데올로기에 집착하는 사람들이 많은 것도 이 때문이다.

하지만 이제 21세기의 5분의 1이 지났다. 언제까지 이런 편협한 자유만 이야기할 것인가. 언제까지 그것과 다른 국가의 역할을 이야기하면 공산주의나 사회주의라고 폄훼할 것인가. 한 정치인이 '따뜻한 보수'가 되자고 말한 적이 있다.

이는 다름 아닌 편협한 자유주의에서 벗어나자는 뜻이다. 여기에 '따뜻한 건 또 뭐냐', '당신 좌파 아니냐', '정체성이 의심스럽다'고 말하는 사람들의 댓글이 인터넷을 도배했다. 이것이 대한민국 보수 진영의 현실이다.

지금까지 언급한 이념을 정리하면 다음과 같다.

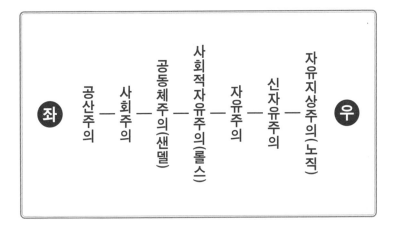

좌 — 공산주의 — 사회주의 — 공동체주의(샌델) — 사회적자유주의(롤스) — 자유주의 — 신자유주의 — 자유지상주의(노직) — 우

○ 인간이 양파와 같은 존재라면, 어떤 개인이란 끊임없이 변해가는 여러 사회적 관계의 합이다.

○ 하지만 자유주의는 개개인 내면에 복숭아씨와 같이 변치 않는 자아가 있다고 상정한다.

○ 존 롤스는 자유주의 인간관 하에서 정의와 공정을 논했고 최극빈층의 자유에 주목했다.

○ 한국의 보수가 외치는 자유는 자유주의라기보다 '자유지상주의'에 해당한다.

2장

대한민국 정치,
개소리에서 벗어나는 법

1

인공지능 시대, 우리에게는
새로운 가치가 필요하다

유발 하라리,
경험하지 않은 시대의 가치 이야기

지금까지 진보와 보수가 무엇인지 알아본 후, 한국의 보수가 자유에 대해 갖는 두 가지 착각을 이야기했다. 이제 '진보 대 보수'라는 이분법의 프레임을 벗어나는 작업을 해보겠다. 우리는 학교 역사 수업 때 시대 구분을 배우면서 알게 된다. 시대가 바뀌면 추구하는 가치가 달라진다는 것을, 그리고 시대를 주도하는 세력도 바뀐다는 것을. 지금은 이른바 인공지능AI 시대다. 가치와 주도 세력이 바뀔 것이라는 데 동의하는가? 그렇다면 지금의 프레임에서 벗어나야 하지 않을까. 먼저 유발 하라리Yuval Harari의 목소리를 통해 다가오는 시대의 변화를 가늠해보자.

우리에게 인공지능이란 무엇인가

　스물한 살, 그는 마침내 자신의 성 정체성을 깨달았다. 인류의 역사와 사회에 대한 관심이 많았던 그는 정작 자기 스스로에 대해 잘 몰랐고 그 대가로 10대 시절 끊임없는 고민, 내적 갈등, 죄책감에 시달렸다. 하지만 앞으로의 세대는 자신과 같은 좌절감을 겪을 필요가 없다면서 이렇게 말한다.

　"머지않아 알고리즘은 모든 10대에게 그들이 동성애와 이성애 스펙트럼의 어느 지점에 있는지 알려줄 것이다. 멋진 남성과 여성의 사진, 동영상을 보여주고 안구의 움직임과 혈압 및 뇌 활동 등을 추적한 다음, 5분 이내에 킨제인 척도상의 수치를 출력할 것이다. 이처럼 사람들은 기꺼이 자신의 정보를 공유하고 자신이 당면한 여러 중요한 결정을 알고리즘이 내려주길 기다릴 것이다. 무엇을 공부해야 할지, 어디서 일해야 할지, 심지어 누구와 결혼해야 할지까지."

　《사피엔스》로 세계적인 명성을 얻은 역사학자이자 미래학자, 유발 하라리 이야기다. 이 멋진 천재는 미래세대가 문제를 해결하는 방식을 보여주기 위해 톨스토이의 작품을 끌고 오기도 했다.

"안나 카레니나가 스마트폰을 꺼내 들고 남편 카레닌 곁에 머물러야 할지, 돌진해오는 브론스키 백작과 달아나야 할지 페이스북 알고리즘에 묻는 장면을 상상해보십시오."

이것이 인공지능 시대를 살아갈 인류가 당면한 현실이다. AI는 편리하지만 우리의 의사결정능력을 감퇴시킨다. 이 역량의 감퇴는 자동차 운전석에서 가장 먼저 이루어졌다. 스마트폰의 배터리가 나가면 도로 위에서 우왕좌왕하는 운전자처럼, 인류는 앞으로 알고리즘이 모든 것을 결정해주지 않으면 인생의 문제들을 어떻게 풀어야 할지 모르는 신세로 전락할지도 모른다. 이미 우리는 구글 검색창에 키워드를 입력한 후 검색 최상위 결과를 '진실'로 받아들이며 살고 있으니 말이다.

하라리의 전망과 경고를 앞서 논의와 연결하자면, 미래에는 우리 안에 숨겨져있는 자아라는 씨가 없어지거나, 있다 하더라도 역량을 발휘하지 못한다. 데카르트가 발견한 후 그 존재를 믿어 의심치 않았던 '의심하는 이성'과 그것을 기반으로 한 자유주의는 심각한 위기를 맞았다. 디지털 시대를 맞이해 의사결정의 자유를 AI에게 양도한 우리의 민주주의는 그에 걸맞게 진화하지 않으면 지속되지 못할 수도 있다. 하라리의 미래 전망 몇 가지를 더 살펴보자.

하라리는 경고한다

첫째, 인간은 '슈퍼 휴먼 vs. 보통의 사피엔스'라는 새로운 계층의 분화가 이루어질 것이다. 생명공학의 발달로 돈 많은 사람들은 단순히 질병의 예방과 치료에 유리한 수준에서 벗어나게 될 것이다. 그들은 더 오래 살면서 육체적·인지적 능력이 강해지는 새로운 사피엔스로 진화해갈 것이고, 평범한 우리는 그저 그런 종으로 남을 것이다.

둘째, 권력 재편의 핵심은 '누가 데이터를 소유하느냐'가 될 것이다. 데이터 권력이 부상하고 있다. 권력자는 누구일까? 개인 정보를 예로 들어보자. 요즘 온라인에서는 어떤 정보를 조금만 이용하려고 하면 개인 정보를 가져가는 데 동의하라고 한다. 디지털 시대를 맞이해 우리의 프라이버시 감각은 분명 강해졌다. 하지만 내 정보가 소중하다는 생각 따위는 페이스북, 넷플릭스 등 거대 공룡들 앞에서 종적을 감춘다. 이와 관련해서 페이스북의 창업자인 마크 저커버그는 '인류는 프라이버시보다 편리함을 택할 것'이라고 예견했고, 우리는 그대로 가고 있다.

셋째, 지금 우리가 배우는 것은 쓸모가 없어질 것이다. 하라리는 1020년 중국의 송나라 사람이 1050년을 내다보는 것과 2020년의 인류가 2050년을 내다보는 것에는 엄청난 차이가 있다고 하면서 지금 아이들이 배우는 것의 대부분이

30년 후에는 별 쓸모가 없을 거라고 예견한다. 궁금하다. 과연 우리는 지금 2050년에 꼭 필요한 것들을 배우고 있을까.

요약하면 생명공학과 인공지능의 결합으로 새로운 계층이 탄생한다. 권력의 기준이 데이터의 소유 여부로 바뀐다. 지식의 체계가 30년을 못 버틴다. 이런 하라리의 예견에 어느 정도 동의한다면 지금 당신이 읽고 있는 이 책의 논의에서 무엇을 결정할 수 있을까?

근대의 가치는 아직도 유효할까?

인류 문명사에서 '혁명'이라 불리는 시대 전환의 시기들을 되돌아보면 지금 우리가 추구해야 할 가치가 어떤 것인지 가늠해볼 수 있지 않을까.

근대	현대	미래
신석기혁명 — 산업혁명 — 정보화혁명 — 4차 산업혁명		
	(인터넷, 모바일)	(디지털, AI)

동굴에서 생활하며 떠돌아다닐 때는 주거 문화나 패션 문화가 없었다. 일단 정착을 해야 그런 것들에 관심이 생긴다. 기계를 작동시키고 비행기, 우주선을 쏘아 올린 산업

혁명의 성과도 고대, 중세 때는 꿈에서나 나올 장면이었다. 1751년 프랑스의 철학자였던 디드로의 《백과전서》 편집 이후 매년 책장을 가득 채울 정도로 늘어만 갔던 백과사전을 한 뼘 손안에 확보할 수 있는 것 또한, 20세기까지는 믿거나 말거나였다.

인간은 경험하지 못한 환경에 들어서면 그에 적응하면서 추구하는 가치가 달라진다. 알고리즘이 빅데이터, 예를 들면 세상의 모든 지식과 개인 정보를 토대로 우리의 이성을 대신하는 시대에도 과연 진보와 보수의 프레임이 존속할 것인가? 착각해서는 안 된다. 지금 언론에서 통용되는 보수와 진보는 사전적 의미가 아니라 시대적 개념이다. 4차 산업혁명 시대를 맞이한 지금, 디지털 문명은 정치·경제·사회·문화 전 영역과 우리가 종사하는 모든 직업에 근본적인 변화를 예고하고 있다. 그런데 오늘날 통용되는 진보와 보수 프레임은 기본적으로 18세기 '1차' 산업혁명기에 만들어졌다.

자유와 평등의 문제가 새로운 시대에도 여전히 중요하다는 데 나 역시 동의한다. 그러나 그 논의는 1차가 아닌 4차 산업혁명에 걸맞게 움직여야 한다. 디지털 문명으로 자유주의 자체가 위기를 맞고 있는 시점에 신자유주의의 폐해만 계속 이야기하는 것은 시대착오적이다. 거대 자본 위에 세워진 유튜브와 배달 앱의 편리를 누리면서 모든 문제를 자본주의 탓으로 돌리는 자세도 그렇다.

그보다는 디지털 문명을 어떻게 활용해 자본주의의 문제를 해소할지를 고민하는 편이 낫다. 디지털은 어떻게 공유 경제를 가능하게 할까. 가상화폐가 투자 소외층에게 어떤 희망을 안겨줄 수 있을까. 블록체인은 과연 세상의 모든 것을 토큰처럼 쪼개서 가난한 이들도 소유에 동참하게 해줄까. 또한 공인 인증의 발달은 전자 투표와 직접민주주의를 실현시켜줄 것인가. 모두 전통적인 진보·보수 프레임으로는 논의를 진전시킬 수 없는 문제다. 앞으로 펼쳐질 무대가 근대인도, 현대인도 경험하지 못한 세상임이 분명하다면 말이다.

빅데이터 시대의 거북이들

정부 또한 변화하는 시대에 적응해야 한다. 하라리는 아마존, 구글이 우리들의 정보를 정신없이 장악해가고 있다면서, 우리가 이들보다 더 빨리 뛰어야 한다고 조언했다. 더 빨리 뛰라는 말은 우리가 누구인지 늘 깨어서 성찰하고 있어야 한다는 의미다. 문제는 민간이 아니라 정부다. 하라리는 관료조직이 디지털 문명을 포착조차 하기 힘들다고 진단하는데, 그 이유를 데이터 처리의 속도에서 찾았다.

"비대한 정부 관료조직이 사이버 규제에 대해 마음을 정할 때쯤이면 인터넷은 열 번쯤 변신했을 것이다. 정부

라는 거북이는 기술이라는 토끼를 따라잡지 못한다."

당신이 진보이든 보수이든 큰 정부는 디지털 시대에 적합하지 않다는 것을 인정해야 한다. 디지털 시대의 정부가 가장 먼저 해야 할 일은 스스로 거북이임을 인정하고 최대한 거북이의 수를 줄이는 일이다. 거북이의 수를 늘려서 청년 실업률을 낮추겠다는 발상, 혹은 공공기관의 비정규직을 정규직으로 전환시켜 고용 안정성을 키우겠다는 발상은 열심히 뛰고 있는 토끼들을 기만하고 방해하는 행위다.

본래는 거북이가 아니었던 조직들도 있다. 어린 시절 TV라는 걸 처음 보았을 때의 채널 수는 KBS1, KBS2, MBC 3개였고 얼마 후 EBS가 생겼다. 세월이 흘렀고 사람에 따라 다르겠지만 나는 내일 KBS가 사라진다고 해도 아무런 불편이 없다. 방송 내용의 문제가 아니라 보지 않은 지 너무 오래되었기 때문이다. 당신의 견해도 궁금하다. 지금 당신에게 중앙 방송이 필요한가.

또 과거에는 운전자들이 교통 방송을 들으며 도로 상황을 파악했지만 지금 누가 그런 비효율적인 행동을 하겠는가. 가족이 그곳에서 일하고 있는 게 아닌 이상 TBS가 당장 사라진다고 해서 누가 놀라겠는가.

다시 고용이라는 주제로 돌아와서, 지금과 같은 공무원 채용 방식이 앞으로의 시대에 맞는지도 검토해야 옳다. 고용의 유연성은 민간에만 적용할 일이 아니다. 군인, 경찰, 소방직 등 특수 직종을 빼고는 개방형으로 뽑아서 국민들의 공무담임권을 늘려야 한다. 100세 시대는 우리가 경험하지 못한 시대이고, 현재의 중년층이 은퇴한 후 그들의 연금을 책임져야 하는 국민이 짊어지는 짐은 점점 더 무거워질 것이다.

한편 문명의 전환과 무관하게 찾아온 코로나는 중요한 사실을 하나 알려주었다. 정부, 지방자치단체 및 공공기관의 수많은 행사가 멈춰서도 우리에게 별문제가 없었다는 사실이다. 그렇다면 그 행사들은 본래 누구를 위해서 존재했던 것일까.

수많은 행사 예산의 큰 부분을 차지하는 것은 특별 강연료다. 이제는 누가 등장해도 그와 유사한 또는 그보다 더 뛰어난 강연을 유튜브에서 만날 수 있다. 그러니 우리는 더 이상 그런 강연을 열심히 찾아다니지 않는다. 한편 주최 측은 행사에 관심 없는 시민들을 동원하느라 골머리를 앓고 있다. 이렇게 유튜브와 코로나는 알려주었다. 우리에게 필요한 건 역시 행사가 아니라 돈(재난지원금)이라는 것을.

대한민국은 출산율 저하를 막기 위해 2006년부터 15년간 225조 3,000억원을 투입하고도 2020년 출산율 0.84명을 기록했다. 이쯤 되면 차라리 담당 공무원들을 집에서 놀리는 편이 낫지 않을까. 이제 그들이 국민을 위해 존재하는지 국민이 그들을 위해 존재하는지 헷갈리는 시대로 가고 있다.

진보 성향의 독자는 작은 정부론 이야기가 불편할지도 모른다. 바로 그 프레임을 벗어나야 한다. 거북이들의 수가 줄어드는 것과 복지를 늘리는 문제는 완전히 별개다. 아니, 오히려 그래야 복지를 확장할 수 있다. 사실 나는 기본소득 논의를 촉구하는 사람 중 한 명이다. 그런데 제발 바라건대, 그건 '우파식 기본소득 아니냐'고 물어보지 않았으면 좋겠다.

○ 인공지능은 인간의 의사결정능력을 감퇴시키고 자유주의와 민주주의를 위협한다.

○ 새로운 계층의 분화가 이루어지고 권력의 기준이 바뀌고 있다.

○ 현재의 진보와 보수 프레임은 1차 산업혁명기에 만들어졌다.

○ 새로운 시대에는 새로운 가치를 추구해야 한다.

○ 큰 정부는 디지털 시대에 적합하지 않다는 전제 하에 복지 정책을 구상해야 한다.

2
중도는 없다
진보와 보수의 프레임 벗어나기

'프레임frame'은 최근 정치권에서 가장 많이 회자되는 용어 중 하나다. 주로 상대방이 자신을 공격할 때 그 공격을 폄하하는 용도로 쓰인다. 다시 말해 '프레임 씌우기'는 나쁘다는 걸 전제로 한다. 그러면서 상대방에게 어떤 프레임을 씌울지 열심히 골몰한다.

넓게 보면 '진보 대 보수'도 근대 이후 형성된 하나의 프레임이다. 여기서 벗어나지 못하면 우리가 세상을 바라보는 시야가 좁아진다. 다양한 질문을 받아도 각 진영에서 제공한 답을 따라하게 된다. 나의 생각을 갖고 싶다면 프레임에서 벗어나야 한다.

프레임이란 무엇인가

나는 치킨을 먹을 때 다리와 날개를 먼저 소금에 찍어 먹고 가슴살은 나중에야 양념장에 찍어 먹는다. 퍽퍽한 느낌을 좋아하지 않기 때문이다. 가끔 운 좋게 취향이 반대인 분을 만날 때가 있다. 얼마 전 거래처 프리랜서가 그런 분이라 치맥을 먹을 때 다리와 날개는 자연스레 내 몫이 되었다. 서로 눈치 보지 않아도 되는 황금분할.

그런데 버거를 먹을 때는 이상하게도 가슴살 패티가 입에 맞는다. 아마도 어릴 때부터 먹어온 치킨버거가 대개 퍽퍽한 부위를 활용했고 그에 익숙해졌기 때문인 듯하다. 다리살 버거는 출시된 후 한 번 먹어본 후 찾지 않는다.

'가슴살을 선호하지 않는다'는 취향이 '버거를 먹을 때는 가슴살 패티를 선호한다'로 바뀌었다. 빵과 샐러드, 치킨이 따로 놓여 있는 상황이었으면 분명히 다리나 날개 부분을 원했을 것이다. 그런데 재료들을 조합한 버거를 먹을 때는 다른 입맛을 가진 사람이 된다.

이것이 내가 생활 속에서 발견한 프레임의 힘이다. 어떤 프레임에 익숙해지고 반복되면 그것이 편하다, 좋다, 옳다는 느낌을 받게 된다. 저녁 맥주집에서는 상대 눈치를 보며 닭조각을 집는 인물이 왜 낮에 장소가 바뀌면 취향이 변하는 걸까. 인지언어학자 조지 레이코프George Lakoff는 《코끼리는 생각하지 마》에서 프레임을 다음과 같이 규정한다.

"프레임이란 우리가 세상을 바라보는 방식을 형성하는 정신적 구조물이다. (…) 정치에서 프레임은 사회정책과 그 정책을 실행하기 위해 만드는 제도를 형성한다. 프레임을 바꾸는 것은 이 모든 것을 바꾸는 일이다. 그러므로 프레임을 재구성하는 것은 곧 사회 변화를 의미한다."

정신적 구조물이라고? 정신의 구조는 언어, 혹은 기호에 의해 만들어진다. 이 구조물이 투영된 상품을 마트에서 하나 찾아보자.

한국에서 바나나맛 우유라고 하면 대개 '가운데가 볼록한 플라스틱 용기'와 '노란색'이라는 두 개의 기호를 떠올린다. 바나나의 껍질이 노란색이란 데서 착안했겠지만 이는 눈속임이다. 사실 바나나의 과육은 하얀색이기 때문이다. 그럼에도 오랜 세월을 거치면서 '바나나맛 우유는 노란색'이라는 관념이 고착화되었다. 알다시피 모 회사의 바나나맛 우유는 해방 이후 한국 최고 히트 상품 중 하나다.

이 프레임을 깨기 위해 모 회사에서는 '바나나는 원래 하얗다'라는 제품을 들고 나왔다. 먹는 부위를 놓고 진리 값을 따진다면 이 명제가 T true(참)이다. 진실을 말하는 이 제품이 얼마나 성공을 했는지 잘 알지 못한다. 다만 레이코프의 관점에서 이 카피의 활용은, '바나나는 노란색이 아니다' 보다 기존의 프레임을 깨기 위한 훌륭한 전략이라 할 수 있다. 경쟁 회사의 프레임에 말려드는 과정을 거치지 않았기 때문이다. 레이코프는 책의 제목인 '코끼리는 생각하지 마'의 뜻을 이렇게 설명했다.

"우리는 언어를 통해 프레임을 인식한다. (…) 우리가 어떤 단어를 들으면 우리 뇌 안에서 그와 관련된 프레임이 활성화된다. (…) 내가 '코끼리는 생각하지 마세요!'라고 말하면 여러분은 코끼리를 생각하게 된다."

그렇다. 누군가 "노란색 바나나맛 우유는 틀렸어."라고 하면 노란색 바나나맛 우유를 떠올리게 된다.

부동산 정책은 왜 실패할까?

코끼리 프레임을 좀 더 이해하기 위해 이번에는 우리나라의 사회문제 하나를 이 관점에서 살펴보려 한다. 부동산 가격은 규제를 하면 왜 오히려 오르는 걸까?

매매 차익과 같은 경제적 이득만 생각하면 정확한 이유를 찾기 어렵다. 이득을 보기 어렵게 억제를 하면 억제가 되어야 할 것 아닌가? 부동산 시장이 정부를 비웃는 현상을 이해하기 위해서는 인간 정서에 대해 진중히 검토할 필요가 있다. 애덤 스미스가 그랬던 것처럼.

사람의 행위와 선택에는 타인에게 어떻게 보이는지와 같은 심리적 요인이 작용한다. 이를테면 한국에서 "어느 대학 나오셨어요?"가 실례되는 질문인 것처럼, 서울에서는 "어디에 사세요?"류의 질문은 길게 할수록 실례가 된다.

"어느 동네 사세요, 아파트예요, 빌라예요, 자가예요, 전세예요, 아님 월세예요, 고시원이에요?"

상대방에게 처음부터 이렇게 깊은 관심을 표명하면 그 사람과 다시 보기 힘들 것이다. 한국에서의 부동산 수요는 통상의 수요공급 원리로만 설명되지 않는다. 우리나라 대학 수가 사회에 필요한 만큼만 있는 게 아닌 것처럼, 한국 부동산 수요가 높은 원인에는 실거주 목적 외 다른 요인이 있다. 바로 불로소득에 대한 기대 더하기 우월감이다.

수도권 아파트를 소유하는 것. 더 넘보기 힘든 강남 아파트를 소유하는 것. 혹시 대한민국 모든 사람의 꿈은 아닐까. 나처럼 스스로 아니라고 말하는 사람조차도 무의식 세계에서의 욕망은 그렇다고 외치고 있는 건 아닐까. 일단 '대부분의 대한민국 국민은 수도권 아파트 소유를 원한다'는 이 가설이 옳다고 가정을 해보자. 이런 우리에게 어느 날 새로 들어선, 정의감에 충만한 정부가 발표한다.

"수도권 집값을 잡겠습니다."

온 국민의 머릿속에 애써 억눌러왔던 수도권 아파트가 떠오르고 그에 대한 내밀한 욕망이 갑자기 치솟는다. 그간 우리는 어디 사느냐는 질문을 받을 때마다 복싱 선수에게 가벼운 잽을 맞는 것 같은 느낌을 받아왔다. 그런데 부동산 개혁안이 우리 안의 폼 나고 당당한 삶과 불로소득을 향한 열망을 부채질하기 시작했다. 정부가 야심차게 준비한 방안이 무엇이든 간에 우리의 신앙과 같은 영끌('영혼까지 끌어모으다'의 준말로, 여기서는 돈을 끌어모아 부동산 매매에 나선다는 뜻)을 막을 수는 없다. '더는 부동산 차익으로 부자가 되는 세상을 만들지 않겠다'라는 이 훌륭한 구호를 떠들면 떠들수록 '수도권 아파트 매입은 불로소득'이라는 코끼리는 계속 강화된다.

오랜 관찰 끝에 나는 이 막연한 가설이 어느 정도 옳다는 확신을 가지게 되었다. 정부에서는 소수 투기 미꾸라지들이 부동산 시장을 교란시킨다고 생각할지 모르는데, 이는 완전한 착각이다. 이미 대한민국 국민 대부분은 실제 투기할 돈이 있느냐 없느냐의 차이만 있을 뿐 투기꾼으로 무장한 지 오래다. 국회의 인사 청문회장을 제외하면 대한민국 어디에서도 부동산 투기를 부끄러워하지 않는다. 부동산 불로소득은 현명함의 결과이고 부러움의 대상이다.

집값의 안정을 위해 수도권 아파트 물량을 부지런히 늘려야 한다. 그러나 유의미한 공급이 이루어졌다고 해서 유의미한 가격의 안정화가 바로 이루어질까? 나는 그렇게 생각하지 않는다. 수요가 한정되어 있다면 그 일반론이 통하겠지만 수도권 부동산에 대한 수요는 그쪽 거주자들만이 아니라 전국적으로 무한하기 때문이다. 경상도, 전라도, 제주도 사람들도 수도권 부동산 지표를 열심히 살펴보면서 조금만 더 떨어지길 기다릴 것이다. 이 시각은 경제 논리에 의한 접근 더하기 심리적 접근에 해당한다.

어쨌든 규제도, 재개발도 통하지 않으면 어떻게 하는 게 좋겠는가? 이 책은 부동산 관련 서적도 아닐뿐더러, 부동산 전문가도, 경제 전문가도 아닌 내가 두 명의 대통령이 모욕만 당하고 끝난 이 문제에 대한 특별한 해법을 가지고 있을 리가 없다. 다만 앞으로 시작될 헌법 개정 논의에 기대를 건다. 나타난 문제가 지속될 때는 이를 해결할 수 있는 국민적 합의의 장이 필요하고 헌법 개정은 그 기회를 제공한다. 부동산에 대해 헌법이 어떻게 명시하는지에 따라 민간에 큰 파급이 있을 것이다.

앞으로 정부는 규제든 재개발이든 좀 조용히 추진하길 바랄 뿐이다. 부동산 불로소득을 없애겠다느니, 이 정책이 발표된 후에 주택을 매입하는 분은 반드시 후회하게 될 것이라느니, 젊은 사람들의 영끌은 바람직하지 않다느니 하는, 부동산 코끼리만 떠올리게 하는 말들은 더 이상 듣지 않았으면 한다. 오래된 프레임은 깨기 힘들다. 바나나맛 우유가 여전히 노란색인 것처럼.

해결 방법은 프레임에 속지 않는 거야

깨기 힘든 건 진보 대 보수의 프레임도 마찬가지다. 레이코프는 중도층에 대해 이런 이야기를 했다.

"중간층에 해당하는 이데올로기는 없습니다. 중간층을 정의하는 어떤 도덕 체계나 정치적 입장도 없습니다. 중간층에 있는 사람들은 대개 어떤 쟁점에 대해서는 보수적이고 또 어떤 쟁점에 대해서는 진보적이며 이 두 성향이 다양한 비율로 배합되어 있는 이중 개념 소유자들입니다."

중도층에 대한 레이코프의 견해는 옳다. 단, 진보 대 보수의 프레임을 받아들인다는 전제 하에서 그렇다. 그 전제가 옳다면 나와 같이 사안별로 이쪽저쪽의 주장을 갖는 사람들은 스스로도 모르는 사이 '이중 개념 소유자'들이 된다. 정체성이 불명확한 자, 회색분자, 무개념자…. 중도층을 칭하는 여러 용어 중 하나가 추가되었다.

이에 논리적으로 답해보겠다. 진보 대 보수의 프레임을 받아들이지 않는다는 전제 하에서 바라보면 레이코프의 주장은 틀렸다. 이쪽과 저쪽, 진보와 보수가 없어졌으니 레이코프가 설정한 그 사이의 중간 지점도 존재하지 않는다. 이쪽과 저쪽이 없어졌으니 이중 개념도 존재하지 않는다.

그런데 인간은 소속감을 원하는 본능이 있어 이 이야기에 불안감을 느낄 수 있다. 소속감은 가치 지향성과 비슷한 의미여서 소속이 없으면 뭔가 추구해야 할 가치가 사라지는 듯한 느낌을 준다.

물론 가치 추구는 개인의 삶에서 매우 중요하다. 하지만 민주주의 체제에서 집단적 가치 추구는 해도 그만, 안 해도 그만이다. 그보다 '모든 개인은 다르다'라는 전제를 받아들이고, 무수히 다른 개인들 간 합의의 과정에 대한 완성도를 높이는 것이 훨씬 더 중요하다. 대의민주주의는 여러 한계가 있다. 그중 하나가 양당 중심의 집단적 가치 추구와 그에 대한 줄서기 강요, 선택지의 제한 등이다. 짜장면과 짬뽕 두 가지를 내밀고 언제 어디서나 하나의 메뉴만 먹으라고 강요하는 셈이다. 정치판에는 이 프레임을 열심히 활용하는 사람들로 넘친다. 레이코프도 그중 한 명이다.

> "우리의 목적은 중간층에 속해있는 사람들에게 우리의 모형을 활성화하는 것입니다. 우리가 해야 할 일은 그들이 우리의 모형을 사용하도록, 즉 정치적 의사결정에서 우리의 세계관과 도덕 체계를 활성화하도록 하는 것입니다. 그러려면 우리의 세계관에 근거한 프레임을 사용하여 말하면 됩니다."

그의 전략은 중도층을 자기네 진영으로 포섭하는 것이다. 이후에 설명하겠지만, 레이코프는 이른바 '집토끼 사수론'과 '외연확장론'으로 진보 진영 내 토끼들 지지를 확보하는 가운데 중도의 표까지 얻어내는 확장을 하면 선거에서 이길 수 있다고 이야기한다. 집토끼 사수론이란 어떤 경쟁에서 이미 집 안에 있는 토끼들만 사수하면 성공한다는 이론이고, 외연확장론은 집토끼뿐 아니라 바깥의 토끼까지 포섭해야 한다는 이론이다.

선거 승리를 위해 프레임을 활용하라는 레이코프의 조언은 원론적으로 문제가 없다. 문제는 교묘한 프레임 씌우기로 유권자를 속이고 선거판을 오염시키는 정치인들의 행위다. 지금 한국의 정치판은 온통 상대방에게 불리한 프레임 씌우기에 혈안이 되어 있다. 그들은 상대방의 아픈 곳을 발견하는 즉시 이것을 후벼 파는 용어들을 만들어내고 열심히 유포시킨다.

앞서 말했듯 국민이 존재하는 이유는 KBS, TBS, 정규직 공무원들을 위해서가 아니다. 여당이나 야당, 그들 사이를 이간질하는 언론을 위해서는 더더욱 아니다. 정치인과 언론인은 그 나름대로 직업인이다. 국민은 선거운동원도, 당원도, 언론인도, 평론가도, 어느 쪽 편에 붙은 시민단체도 아니다. 다시 말해 정치판에서 밥 벌어먹지 않고, 다른 할 일도 많은 우리가 왜 목숨 걸고 그 프레임을 위해 싸워야 하는가.

그런 프레임은 오히려 나와 같이 무당파거나 중도층으로 분류되는 사람들의 주체적인 생각을 방해한다. 나와 같은 사람들은 관심 있는 사안에 대해 진보와 보수가 어떤 입장인지, 어떤 정책을 내미는지 보고 투표장에 가서 한 표를 행사하면 그뿐이다. 아니면 그냥 아무 생각 없이 투표 당일 포스터를 보고 마음에 드는 사람을 뽑아도 그뿐이다.

노란 바나나맛 우유와 가슴살 버거를 택하든, 어느 날 하얀 바나나맛 우유와 다리살 버거를 택하든 그것은 언제 어디서나 우리의 자유이다. 아무리 다리살 버거가 정의롭다고 해도, 혹은 누군가가 그거 계속 먹으면 나중에 큰일 난다고 경고해도 나까지 그렇게 생각할 필요는 없다. 먹고 싶은 것을 먹을 것이고 먹어 보고 아니다 싶으면 당분간 먹지 않을 것이다. 그러다 늘 먹던 버거가 품절이면 평소 먹어보지 않은 버거를 차선책으로 선택할 것이다. 그러다 어느 날 얇은 다리살 패티와 얇은 가슴살 패티를 두 겹으로 조합한 새로운 버거가 출시되면 맛이 어떤지 한번 먹어볼 용의도 있다.

○ 레이코프의 말대로 프레임은 하나의 정신적 구조물이다.

○ 진보 대 보수의 대결 구도는 하나의 프레임이다.

○ 국민 대부분은 정치인도, 언론인도, 학자도, 시민단체 활동가도 아니다. 따라서 정신적 구조물에 불과한 진보 대 보수의 싸움에 말리는 것은 이들에게 이용당하는 일이다.

3

열쇠는 중도층이 쥐고 있다

캐스팅보터로서의 중도

진보 대 보수라는 좌우 프레임에서 벗어나면 어쩔 수 없이 중간 지대를 만나게 된다. 그럼 좌파와 우파의 정책들을 적절하게 배합한 중도가 우리에게 옳은 길일까. 이념의 굴레에서 벗어나 좋은 정책을 만든다는 면에서 그렇게 말할 수도 있다. 그러나 중도가 정치권에서 현실적인 힘을 가질 수 있는지는 별개의 문제다. 이번에는 중도가 현실 정치에서 어떤 영향력을 갖는지와 왜 세력화가 어려운지를 알아보겠다.

어차피 좌우 싸움 아니야?

야구에는 '좌우놀이(혹은 플래툰 시스템)'라는 말이 있다. 좌타자(투수가 볼 때 왼쪽 타석에 들어서는 타자)는 왼손 투수가 던지는 공을 치기 어려워한다는 통념 때문에 나온 현상이다. 반면 좌타자가 오른손 투수를 만났다고 상상해보자. 좌타자는 투수가 던진 공이 바깥쪽으로 들어오든 몸 쪽으로 들어오든 배트를 휘두르기에 좀 더 편할 것이다.

이 통념이 승패에 영향을 끼친다고 여기는 감독이 꽤 많다. 상대팀 라인업에 좌타자가 많으면 승리 확률을 높이기 위해 왼손 투수를 선발로 내세운다. 또 오른손 투수가 던지는 날 승부처에 좌타자가 타석에 들어서면 왼손 투수로 교체하곤 한다. 그러면 그 즉시 상대 팀 감독은 우타자를 대타로 내보내기도 한다. 이걸 두고 '좌우놀이'라고 한다. 보통은 '좌타자는 좌투수에 약하다'라는 통념을 지나치게 신봉해서 작전을 짜는 감독을 비판할 때 사용하는 표현이다. 스포츠에서는 감독의 선택이 결과로 증명되기 때문에 좌우놀이를 하다 실패하면 그날 기사에는 팬들의 비판 댓글이 무수히 달린다.

잠시 야구 이야기를 꺼냈지만 정치판의 좌와 우는 물론 야구와는 그 의미, 양상이 전혀 다르다. 그런데 정치권에서도 "선거판은 어차피 좌우 싸움이야."라는 통념을 굳게 믿는 이들이 많다. 그렇다면 선거 때 중도는 무시해도 되는가?

중도라는 자동 분류

혹시 여론조사 전화를 우연히 받아본 적이 있으신지. 경험해본 사람은 알겠지만 여론조사 질문에 끝까지 응답하려면 상당한 수준의 인내심이 필요하다. 나도 성공적으로 완료한 적보다는 중간에 끊었던 적이 더 많다. 이미 독자들은 눈치챘겠지만, 나는 '중도'라고 응답한다. 스스로를 그렇게 생각해서가 아니다. 대개 선택지는 좌, 우, 중도 세 개이고, 나는 좌도 우도 아니기 때문이다. '개인주의자'라는 항목이 있었으면 그 버튼을 눌렀을 것이다.

최근의 정치 성향 여론 조사들을 종합해보면, 진보, 중도, 보수 가운데 스스로를 중도라고 응답하는 이들의 비율이 가장 높다. 한국갤럽의 2021년 4월 조사에 따르면 각각 26%, 33%, 26%다. '중도층'은 과연 어떤 사람들인가.

일단 투표는 하지만 정치 현안에 별 관심이 없는 이들이 '중도'라고 응답할 수 있다. 그런데 정치에 별 관심이 없는 이들이 여론조사 자체를 끝까지 수행하지 않는다는 점을 감안하면, 여론조사에 반영된 중도층은 사회 현안에 대한 최소한의 관심은 있다고 보아야 한다.

그리고 두 거대 정당이 다 마음에 들지 않으면 여론조사에서 중도로 분류될 확률이 높다. 중도는 무당층, 유동층, 혹은 스윙보터swing voter라고 불린다. 스윙보터란 '선거 등의 투

표 행위에서 누구에게 투표할지 결정하지 못한 이들'이라는
뜻으로, 이전 선거와 다음 선거에 지지 정당이 바뀔 수 있는
회색분자 같은 투표권자들이다. 나는 여기에 해당한다.

이들은 정당의 승패를 가를 만큼 중요한 캐스팅보터로서
역할을 할 때가 있다. 요즘처럼 진보와 보수의 고정 지지층
이 다수 이탈한 상황(보수는 2016년 박근혜-최순실 게이트, 진보는
2019년 조국 사태 이후)에서는 더욱 그렇다.

집토끼만 사수하면 될까?

선거에 이기기 위해 중도를 포섭하는 전략을 짜야 한다
고 주장하는 사람들은 '외연확장론'을 주장하고, 위기일수
록 오히려 전통적 지지자들을 응집력 있게 잡아야 한다고
주장하는 이들은 '집토끼 사수론'을 말한다. 정치학에서는
외연확장론을 근접론Proximity Theory, 집토끼 사수론을 방향론
Directional Theory이라는 명칭으로 설명한다.

근접론을 먼저 보자. 당신을 중도우파 성향의 유권자라
고 가정하자. 우파 정당은 당신의 표를 얻기 위해 이념적·정
책적으로 왼쪽으로 이동한다. 이번에는 당신을 중도좌파 성
향의 유권자라고 가정하자. 좌파 정당은 당신의 표를 얻기
위해 오른쪽으로, 즉 중간 쪽으로 이동한다. 결국 중도표를
얻기 위해 양당은 서로 더 가까워지게 된다. 이 이론을 따르

는 이들은 중도 세력이 선거에 영향을 끼친다고 여긴다. 도식으로 표현하면 다음과 같다.

좌파 정당 ⋯ 중도 좌파 ― 중도 ― 중도 우파 ⋯ 우파 정당

방향론에서는 어떨까. 레이코프가 이 관점을 따르는 인물이다. 앞에서 인용한 그의 설명을 다시 들춰보자(132쪽 참조). 이 관점에서 중도란, 독자적인 이데올로기가 아니라 사안별로 보수나 진보의 입장을 뒤섞어 지지하는 이중 개념 소유자들이다. 이들은 어느 정당이 자신과 이념적으로 가까운지도 정확히 잘 모른다. 다만 선거에 임박해서 좀 더 신뢰감을 주는 정당에 표를 던진다. 그러니 이들처럼 어정쩡한 유권자를 유인하려면 정당이 추구하는 이념이나 정책을 분명히 드러내서 그들에게 정확한 신호를 보내야 한다.

이를테면 당신이 스스로를 중도라고 생각하면서 차별금지법(사회 전반에 걸쳐 성적 지향, 고용 형태, 성별, 출신 국가, 장애 등을 이유로 차별하는 것을 금지하는 취지의 법안)에 찬성하는 입장이라고 하자. 그리고 선거에서 이 주제가 이슈화되었다고 하자. 당신은 차별금지법 제정을 강하게 주장하는 정당에게 표를 던진다. 설령 당신이 아직 특별한 입장을 가지고 있지 않다 하더라도, 그 주제에 대해 명확한 입장을 표명하는 정당에 좋은 인상을 받고 표를 던진다.

만약 어떤 정당이 찬성도 반대도 아닌 어정쩡하고 무미 건조한 자세를 어정쩡하고 무미건조한 당신은 그 정당에 어떤 매력도 느낄 수 없고 유인을 당하지도 않을 것이다. 찬성과 반대를 표명하고 효과적으로 설득할 때 당신은 그 당을 신뢰하고 표를 던지게 된다. 이런 관점에 서면 정당은 굳이 중도층을 의식할 필요가 없다. 오히려 중도층에게 좌든 우든 정확한 방향을 제시함으로써 그들이 그쪽으로 오게끔 이끌어야 한다.

중도층 공략을 위한 두 설명은 각각 나름의 설득력이 있다. 하지만 적어도 이 책을 쓰고 있는 시점(2021년 가을)에서는 방향론을 선거 전략으로 쓸 수는 없다. 다시 말해 2022년 대선 승리를 위해 '진보'나 '보수'를 메인 슬로건으로 내밀어서는 중도층을 공략할 수 없다. 보수와 진보 둘 다 중도층을 끌 수 있는 최소한의 신뢰를 상실한 상태이기 때문이다. 도대체 좌와 우는 이전에 '콕 집어서 무얼' 잘못했다는 말인가.

중도는 왜 캐스팅보터인가?

2017년 박근혜 전 대통령이 탄핵으로 내려온 후, 보수 정당은 대통령선거(2017), 지방선거(2018), 국회의원선거(2020)에 연달아 참패했다. 그러자 2020년 여름, 지푸라기라도 잡는 심정으로 김종인 비상대책위원장(이하 '비대위원장')을 데려왔다. 비대위원장은 그해 가을 두 가지 눈에 띄는 행보를 했다. 당 내부의 반대를 무릅쓰고 대통령 탄핵에 대해 사과하는 기자회견을 했고(그 당은 그때까지 '탄핵을 특정해서' 대국민 사과를 한 적이 없었다), 또 광주에 내려가 당내에 광주항쟁을 폄하하는 목소리가 있었던 점에 대해 사죄의 무릎을 꿇었다. 그 결과 보수 정당은 2021년 서울시장, 부산시장 보궐선거에서 압승을 이루어냈다.

선거 후 비대위원장은 당을 떠났고 2021년 6월 새로운 당 대표로 30대인 이준석이 선출되는 파란이 있었다. 그는 선거운동 기간 중 역시 두 가지 눈에 띄는 행보를 밟았다. 첫째, 광주에서 '85년생 이준석에게 광주는 단 한 번도 폭도였던 적이 없다'고 외쳤고 둘째, 대구에서 비장한 표정으로 '박근혜 대통령의 탄핵은 정당했다'고 목소리를 높였다. 나는 김종인과 이준석에게서 이 두 가지 공통점을 발견했다. 중도층이 보수 정당에 표를 던질 수 있는 최소한의 명석을 깔아준 것이었다. 그동안 중도층은 이 명석이 없어 '차마' 보수 정당에 표를 던질 수 없었다. 아무리 진보 정권이 실정을 거듭했더라도.

이제 민주당을 살펴보자. 문재인 정부 초기 그 높던 지지율이 형편없이 추락한 가장 큰 이유는 조국 장관에 대한 임명 강행과 이후에 보인 집권층의 비상식적인 고집과 뻔뻔함 때문이었다. 조국 없이는 검찰 개혁이 불가능하다는 것을 증명하지 않는 한, 이유를 불문하고 민주당을 지지하는 팬덤을 빼고는 누구도 그 상황을 이해할 수 없었다. 다시 말해, 민주당은 진보 진영 내에 중도층이 놓고 있던 명석을 빼버리고 "너네 빨리 다른 데 가!"라고 한 것과 다를 바 없었다.

물론 부동산, 최저임금, 원전 관련 실정도 지지율 하락에 한몫했을 것이다. 실정은 대의를 내세우면서 어떻게든 중도층을 어르고 달랠 여지라도 있다. 하지만 조국 사태는 다르다. 어떤 사람들은 누군가가 외계인 같은 딴 세상 존재로 보이면 아예 상대하기를 싫어한다. 즉 어떤 정당이든 '중도층의 상식'이라는 기준을 통과하지 못할 경우, 정책의 찬반을 논하기 전에 선택지에서 배제됨을 의미한다.

이렇게 최근 몇 년 사이 보수 정당과 진보 정당은 모두 중도층에게 근본적인 신뢰를 상실했다. 2022년 대선에서는 진보의 가치니, 보수의 가치니 떠들면 떠들수록 중도층의 표를 끌지 못할 것이다. 그러니 대통령 선거에서 이기기 위해서는, 그저 죽으나 사나 자기들 지지해주는 팬덤에 더해 중도층에게 최대한 접근해서 이들이 좋아할 만한 것들을 계속 이야기해야 한다. 적어도 2022년 대선에서, 중도는 '캐스팅보터로서' 살아있다.

그럼에도 중도는 없다

자, 그렇다면 과연 중도는 캐스팅보터의 수준을 넘어 하나의 정치세력으로 정국을 주도할 수 있을까. 우리 정치판을 놀이나 게임에 비유하면 답을 찾는 데 도움이 될지 모른다.

근대라는 이름의 주식회사가 '정치판 좌우놀이'라는 보드게임을 출시했다고 하자. 상품을 열어보면 플레이어가 읽어야 할 게임 설명서와 간단한 테스트 용지가 있다. 성향 테스트를 통해 얻은 점수로 당신은 좌파나 우파로 분류된 후 매뉴얼의 지침에 따라 게임에 참여한다.

그런데 컴퓨터든 보드든, 게임에는 캐릭터와 배경, 그리고 세계관이라는 게 있다. 게임 시나리오 작가와 개발자가 만든 이 게임에는 좌파와 우파 두 종류의 말만 있고 선악의 대결 구도로 승자와 패자가 나뉘게끔 설계되어 있다. 따라서 게임의 승부란 '어차피 좌우 싸움'이다.

그런데 언젠가부터 게임의 성향 테스트에서 좌파나 우파로 명확히 갈리지 않는 이들(특히 2030 디지털 세대들)이 늘어났다고 하자. 회사에서는 이들을 고려하여 '중도'를 대표하는 캐릭터를 새롭게 만들어냈고 중도 말을 포함한 새로운 버전을 출시했다.

처음에는 '이게 뭔가' 해서 많은 유저가 모여들었다. 그러나 본래 양자 싸움을 염두에 둔 게임이어서 중도를 위한 매뉴얼은 좌파와 우파의 것을 대략 섞어 만들었을 뿐이다. 그러니 캐릭터 자체가 정체성이나 선악 구도가 명확하지 않아 게임 자체의 흥미가 반감되었다. 결국 성향이 애매한 이들도 그냥 좌파 혹은 우파 캐릭터를 선택해서 게임에 참여하게 되었다.

현실 정치판의 중도도 위 게임의 신종 캐릭터와 비슷하다. "어? 난 좌도, 우도 아니야."라는 성향을 말하는 순간, 당신은 누군가, 예를 들면 언론, 정당, 학자 등에 의해 자동으로 '중도'로 분류되고 좌와 우 사이 어딘가에 낀 사람이 되어 버린다. 그들의 세계관에는 좌와 우 말고 다른 것이 존재하지 않기 때문이다.

그런데 이들의 공통점은 '좌도 우도 아닌 성향'밖에 없다. 다시 말해 이들은 얘네도 싫고 쟤네도 싫은 사람들일 뿐이다. 싫어하는 사람이 같다는 이유로 모여 뒷담화를 한두 번 할 수는 있지만 그걸로 미래를 설계할 수는 없다.

○ 중도는 회색분자처럼 이쪽저쪽을 자유롭게 투표하는 스윙보터들이다.

○ 선거에서 집토끼 사수만으로 이길 수 없다. 캐스팅보터인 중도층을 잡기 위해 외연을 확장해야 한다.

○ 그러나 좌우 프레임이 유지되는 한 중도층은 정국을 주도할 수 없다.

4
새로운 정치 세력이
생겨날 수 있을까?

프레임을 벗어던진
제3지대 정치 세력 출현의 가능성

이번에는 진보도 보수도 싫은 사람들이 유의미한 제3세력
을 형성하기 위해 필요한 전략을 고민해보겠다. 제3지대가
세력화하기 위해서는 '디지털 문명'과 같이 모든 이의 삶의
토대가 될 만한 키워드를 축으로 삼아 정치·경제·사회·문화
전 분야를 관통하는 새로운 세계관과 노선을 정립해야 한다.
이를 위해 사람을 모으고 지속적인 토론회를 개최해나가야
한다. 그렇지 않으면 리더의 개인적인 취향에 의존하는 1인
정당을 벗어나지 못하고 곧 소멸할 것이다.

중도의 정치 성향표

레이코프가 비판한 이중 개념 소유자에 해당하는 필자의 사례를 잠시 보자. 지금까지 이 책에서 틈틈이 노출한 견해를 중심으로 정리해보면 아래와 같다. 참고로 차별금지법처럼 원론적으로는 찬성이지만 예외 상황에 대한 논의가 필요하다고 보는 안도 간결하게 찬성으로 기입했다.

사안	성향
선행학습금지법	반대(보수)
원전폐기	반대(보수)
국가보안법 폐기	찬성(진보)
차별금지법	찬성(진보)
한국사 국정교과서	반대(진보)
특목고 폐지	찬성(진보)
5·18 특별법	반대(보수)
공기업 민영화	찬성(보수)
1가구 2주택자 규제	찬성(진보)
우버, 쏘카	찬성(보수)
기본소득 도입	찬성(진보)
소득주도성장	반대(보수)

12개 항목에 대한 나의 답안은 대략 진보 6, 보수 6으로 나뉜다. 당신이 혹시 스스로를 진보나 보수라고 여긴다면 위 답안의 작성자는 사회현상에 대해 뭘 좀 모르는 사람이고 약간의 교육이 필요하다고 느낄지 모른다.

중도로 분류되는 다른 사람들의 답안은 어떨까. 진보 성향의 답과 보수 성향의 답이 비슷한 비율로 나뉠 수는 있지만 세부 항목에서의 답안은 나와 다를 것이다. 이유는 간단하다. 사람들이 생각하는 바가 여러모로 다르기 때문이다. 이쪽 성향, 저쪽 성향으로 나뉘는 비율이 비슷하다는 공통점만으로는 하나로 뭉칠 수 없다. 이것이 바로 제3지대 정당이 말만 무성하고 지탱하기 힘든 이유다.

중도 정치 실험은 왜 어려울까?

이제 현실 정치인의 사례를 잠시 보겠다. 안철수는 정치 참여 후 '중도 실용'을 지속적으로 표방했기 때문에 중도 정치는 그의 트레이드마크가 되었다. 안철수는 2017년 8월 3일 당 대표 출마를 선언하면서 '극중極中'을 말한 적도 있다.

"보통 극좌나 극우에 대해 말씀들을 많이 하지만 반면에 '극중'이 있습니다. 좌우 이념에 경도되지 않고 실제로 국민에게 도움 되는 일들에 치열하게 매진하는 것, 중

도를 극도의 신념을 가지고 행동하는 것이 바로 '극중주
의'입니다."

　그러자 정청래 의원은 '극중이라니, 한국 정치에서 듣도
보도 못한 구호다. 방향·신념이 없다는 점에서 기회주의적'
이라고 비판했다.
　당시 안철수가 말한 '중中'은 보통 정치권이나 언론에서
통용되는 중도의 개념이 아닌 다분히 철학적인 개념을 활용
한 것이다. 철학적 의미의 '중'이란 어떤 상황에서 모자람과
지나침이라는 악덕을 피하는 '가장 적절한 선택', 즉 아리스
토텔레스의 중용을 의미한다. 아리스토텔레스도 극중을 이
야기했다.

　"덕은 그것의 실체와 본질을 따르자면 중용이지만, 최
*　선의 것과 잘해냄의 관점을 따르자면 극단이다."*

　정리하자면 '극중'이란 중용(적당함, 적절함)의 실천을 위해
극도의 노력에 노력을 기울이는 정신과 자세를 의미한다.
　나는 철학을 공부하면서 중용을 실천을 위한 최고의 덕
목으로 발견했기에 안철수의 위 발언이 반가울 수밖에 없다.
그러나 앞서 페미니즘으로 모일 수는 있어도 '자율'의 가치
를 표방하며 모일 수는 없다고 했듯이 '중용'의 덕목이나 '실

용'의 자세를 슬로건으로는 어떤 '무리'가 만들어질 수는 없다. 자율이나 중용이나 실용은 모두가 추구해야 할 그냥 좋은 말이기 때문이다. 그러니 중도 정치의 구체적인 내용을 제시하지 않으면 공허한 정치 구호가 될 수밖에 없다.

정치 입문 초기, 안철수는 자신의 경제 성향에 대해 '경제는 진보, 안보는 보수'라는 말을 했다. 기자들이 하도 물어보니 어쩔 수 없이 보수와 진보에 기대 설명한 것이다. 본래 새로운 개념을 이야기할 때는 기존의 것으로 설명할 수밖에 없다. 옛 동아시아에서는 이런 설명 방식을 '격의格義'라고 불렀다. 이를테면 인도에서 중국으로 처음 불교가 전래했을 때 중국인들은 그나마 유사해 보이는 노자, 장자의 철학으로 불교의 가르침을 해석했다. 처음 천주교가 전래했을 때도 유학자들은 유학의 이론으로 서구가 말하는 '하느님'에 대해 이야기했다.

불교와 기독교는 그 자체로 독자적인 사상이어서 성공적으로 정착했고 세력을 넓혔다. 그러나 한국 정치에서 중도를 설명할 때 진보, 보수를 전제로 한 용어에 기대어 말을 하면 할수록 진보와 보수 프레임이 강화될 뿐이다. 이쪽도 저쪽도 아니라는 입장만 가지고는 노선이 형성되지 않으며, 노선이 형성되지 않는 정당은 대중적으로 성공할 수 없다. 국민은 애도, 쟤도 싫다는 것만으로는 유의미한 기간 동안 뭉칠수 없기 때문이다. 안철수가 이른바 별의 순간을 실기한 이후 다시 기회를 잡기 어려운 이유다.

2030이 새로운 정치 세력이 되기 위한 방법 1.
"게임의 세계관을 버려라"

그러면 '정국을 주도하는 제3지대 정당'의 출현은 불가능한가? 그렇지 않다. 중도 실용의 구호만으로는 부족하다는 얘기다. 새로운 세력의 탄생은 다음 두 단계를 거칠 때 가능하다.

첫째, 기존 게임의 보드판과 매뉴얼을 버려야 한다. 다시 말해 기존 게임의 세계관을 버려야 한다. 희망적이게도 최근 선거에서 특정 세대가 이런 모습을 보이고 있다. 2021년 서울시장 보궐선거와 이준석 대표의 탄생에서 확인되는 바는, 표면적으로야 보수 정당의 승리지만 안을 들여다보면 2030세대의 탈이념이다. 2030에게서 제3지대 정당의 희망을 찾을 수 있다.

2016년, 2017년에 탄핵을 외치며 광장에서 촛불을 들었던 2030 중에는 스스로를 진보라고 생각한 이들이 꽤 많았을 것이다. 그들은 이후 문재인 정부를 거치면서 진보 진영도 몸담을 곳이 아니라는 걸 깨달았다. 물론 그들이 진보에 등을 돌렸다고 향후 보수가 되겠다고 다짐했을 리는 없다. 애초에 그들은 보수도 아니었을 것이다. 이에 비해 기생충 박사로 알려진 한 논객은 보수 전향을 선언하기도 했다. 똑같이 진보에게 등을 돌렸더라도 게임의 판을 버렸는지 버리지 않았는지의 차이다.

2030은 더 이상 진보나 보수에 기댈 생각이 없다. 그렇다고 스스로를 중도라고 규정하지도 않는다. 이들은 기존의 좌우 프레임을 탈출한 후 '공정'과 '기회균등'을 외치면서 어느쪽이 그나마 이를 실현해줄 수 있을지 보고 있을 뿐이다.

2030이 새로운 정치 세력이 되기 위한 방법 2. "새로운 세계관, 새로운 핵심 축을 찾아라"

두 번째 단계는 새로운 게임의 보드판 위에 새로운 '세계관'을 적용하는 것이다. 그 게임에는 더 이상 진보의 가치도 보수의 가치도 없다. 아니, 없다기보다 더 이상 게임을 주도할 수 없다. 새로운 세계관에서는 주도적인 가치가 새롭게 형성되기 때문이다.

새로운 가치가 무엇인지는 여기서 예견하기 어렵다. 산업혁명의 시대를 지나고 나서야 자유와 평등이 근대 이후의 핵심 가치였다는 것을 안 것처럼, 4차 산업혁명 시대, 혹은 인공지능 시대의 핵심 가치도 시대를 거치면서 점차 드러날 것이다. 하지만 우리는 의심 없이 확언할 수 있다. 바로 지금이 디지털을 기반으로 한 문명사적 전환의 시기라는 점을. 우리가 어떤 성향의 사람이든지 이 문명을 벗어나서 사유할 수 없다.

그런데 앞에서 프레임을 벗어나는 것만으로는 누군가를 이끌어줄 틀이나 축이 없고, 따라서 중도는 세력화될 수 없다고 말했다. 따라서 지속적인 논의의 소재를 제공하면서 판단의 기준으로 삼을 하나의 축이 필요하다. 그게 없으면 중도의 논의는 뒷담화 수준을 벗어날 수 없다. 축은 시대의 전환을 담아내는 키워드면 좋을 것이다. '디지털(문명)'은 어떨까. 이 축을 기준으로 새로운 게임의 세계관과 시나리오를 짤 수는 없을까.

디지털 이야기를 하니, '요즘 그걸 표방하지 않는 정당이 어디 있느냐'고 생각할 수 있다. 그러나 기존의 프레임에 디지털을 가미하는 것과 디지털을 축으로 사유하는 것은 완전히 다르다.

디지털 시대, 정치인이 알아야 할 것들

예를 들어 요즘 부쩍 늘어난 배달 라이더들을 보자. 배달 앱 출시와 함께 생긴 신종 직업군으로, 코로나 심화로 배달 음식을 시켜 먹는 사람들이 늘어나자 더욱 활약상이 두드러졌다. 이들과 유사 직업군인 우버나 쏘카 운전자들의 차이는 무엇일까. 라이더들은 기존의 직업인들과 충돌하지 않지만 후자는 택시 기사들의 이익과 충돌한다. 디지털 문명을 축으로 삼는다는 것은 기존 직업의 피해를 최소화하되, 기본적으로 이러한 신종 직업을 적극적으로 양성화하는 자세를 의미한다.

신문명은 햄버거 가게 아르바이트생의 수를 줄였지만 다른 곳의 일자리를 늘리고 있다. 그런데 문제는 그 일자리들이 하나같이 '정규직' 사원과는 거리가 먼 형태들이라는 점이다. 이런 시대 상황에서 디지털을 표방한 정당이라면 비정규직 사원들의 정규직화에 심혈을 기울이기보다 비정규직 근로자들이 어떻게 사회적 안전망을 갖추면서 살 수 있을지에 대해 고민할 필요가 있다. 다시 말해 비정규직이 대세인 사회를 대비할 필요가 있다. 나는 이런 관점에서 기본소득을 포함한 복지 정책의 혁신이 이루어져야 한다고 본다.

시민들이 더 이상 정부가 공급하는 문화 강좌들을 그다지 필요로 하지 않게 된 것도 '유튜브 활성화'라는 디지털 발달이 가져온 변화다. 또 민간단체 활동을 상당 기간 해온 경험자로서 말하자면, 제도권 내의 민간단체는 온라인 네트워크의 연결이 없던 시절에나 의미를 가졌다. 지금은 등록되지 않았을 뿐 수많은 민간단체가 온라인을 중심으로 아무 때나 만들어지고 있다. 그렇다면 등록된 단체에게만 지급해온 보조금 제도를 전면적으로 손질할 필요가 있지 않을까. 국민이 국민을 위해서 일한다고 주장하는 이들을 위해 일하고 있는 형국이다. 본래 그들이 잘못한 게 아니라 디지털이 만들어낸 상황의 뒤바뀜이다.

근 몇 년간 화제인 창업이라는 주제로 시선을 돌려보자. 디지털화로 인해 대도시에 있지 않아도 창업을 하는 데 지장이 없는 시대가 되었다. 국가는 이를 뒷받침하기 위해 수도권을 벗어난 외곽에서 창업을 하는 청년들에게 주거와 창업 공간의 특혜를 제공하는 새로운 친환경 보행 도시 실험을 할 수도 있을 것이다. 이 밖에도 앞서 언급했던 블록체인, 직접 민주주의 실험 등 진보와 보수라는 구시대의 장벽 때문에 이야기하지 못했던 여러 가지를 디지털을 축으로 삼아 논의할 수 있을 것이다.

그런데 논의를 하려면 사람이 모여야 한다. 내가 속한 단체는 10년이 넘는 기간 소규모, 중규모의 시민 토론회를 지속적으로 개최해왔다. '모르는 사람들과 공통의 주제로 이야기 나누는 것'만으로도 즐거움을 선사할 수 있을까. 내 경험으로는 '그렇다'.

정치권에서 개최하는 온갖 행사가 재미없는 이유는, 같은 편 전문가 패널 몇 명이 순전히 자기네들이 주입하고 싶은 이야기만 떠들 뿐 참가한 시민들을 사실상 들러리로 인식하기 때문이다. 옛날의 무지한 시민들은 누군가의 선도를 필요로 했는지 모르지만 지금의 똑똑한 시민들은 말하고 싶어 한다. 평등한 조건에서 상대의 이야기를 듣고 싶어 한다. 토론의 장을 세련되게 만들면 사람들은 약간의 돈을 지불하고

서라도 모인다.

제3지대를 꿈꾸는 정치인들은 이제 알아야 한다. 시민을 위에서 가르치려 하면 실패한다. 반드시 밑에서부터 민의를 모아나가면서 제3지대 정당의 구체적인 콘텐츠를 만들어가야 한다. 그렇지 않으면 창업자 한 명의 취향에 의존하는 정당이 되고 만다.

제3지대의 성공을 원한다면 이제 누군가 나서서 디지털 정당을 표방하자. 그리고 두 가지 금기만 내걸고 모든 것을 디지털과 연결 지어 소통하는 시민 토론의 장을 만들자. 금기는 '보수의 가치'와 '진보의 가치'라는 말을 쓰지 않는 것이다.

○ 중도층은 좌파와 우파 모두 싫어한다는 것 이외에는 공통점이 없다.

○ 2030이 새로운 정치 세력을 구성하기 위해서는 좌우 프레임을 버리고 새로운 관점에서 토론을 시작해야 한다.

○ 일례로 '디지털(AI, 빅데이터, 메타버스 등)'과 같은 문명 전환의 키워드를 문제 해결을 위한 최우선 도구로 삼는 디지털 정당을 표방할 수 있다.

3장

정치적 개인주의 선언

1

용감한 사람이 되어야 한다

정치적 개인주의의 덕목 1.

아리스토텔레스의 중용

여기까지 읽었다면 당신은 좌우 어느 진영에도 집착하지 않는 사람일 가능성이 높다. 진영 논리에서 벗어났으니 이제 홀로 스스로의 생각을 발견하고 판단력을 극대화할 수 있는 자세, 즉 정치적 개인주의의 자세를 갖춰야 할 때다.

앞서 사람들이 좌·우와 같은 이념, 페미니즘과 같은 가치, 디지털과 같은 관점으로는 집결할 수 있어도 덕목으로 결집할 수는 없다고 말했다. 하지만 결집이 아닌 개인주의 연습을 하기 위해서는 덕목이 필요하다. 이제 필자가 인문학에서 발견한 최고의 덕목, '중용中庸'을 소개하려 한다. 옛 고대인들의 생각을 보면 본래 중도中道의 의미는 '모든 이가 추구해야 할 윤리학, 정치철학'이다. 진보와 보수 프레임 안에 낀 중도와 구분하기 위해 '중용'으로 통일해서 쓰겠다.

언제 어디서나 균형을 잡아야 한다

야구에서 투수는 밸런스가 무너지면 난타를 당한다. 어떤 투수는 시범 경기 때는 에이스급 피칭pitching을 하다 개막만 하면 새가슴이 돼서 본래 성적으로 돌아온다. 실력과 밸런스를 유지하는 건 별개인 듯하다. 아니면 진정한 실력이란 가진 역량 더하기 밸런스를 유지하는 감각 아닐까.

아리스토텔레스나 동양의 성현이 말했던 중용은 밸런스를 유지하는 감각에 대한 이야기다. 감각을 익히는 것은 통상의 지식 습득과 다르다. 어떻게 하면 너클볼knuckle ball(거의 회전하지 않아 예측을 불가능하게 하는 변화구)을 던질 수 있는지가 아니라 본인의 너클볼 기술을 언제, 어떤 상황에서, 어느 정도 구사할지에 대한 이야기다. 아리스토텔레스는 이렇게 예를 들었다.

"절제와 용기는 지나침과 모자람에 의해 파괴되고 중용에 의해 보존된다. 중용은 두 악덕, 즉 지나침에 따른 악덕과 모자람에 따른 악덕 사이의 중용이다."

이 말을 정리하면 다음과 같다.

모자람	중용	지나침
비겁	용기	무모
목석	절제	방탕 (무절제)

한 사례가 떠오른다. 나는 음식물 쓰레기 늘리는 걸 싫어한다. 식당에서 주문할 때 딱 먹을 수 있는 만큼만 시키려고 노력한다. 나름대로 만족스러운 습관이라고 생각한다. 한번은 지인의 결혼식에 갔다. 그리 많은 인파가 몰린 것도 아니었는데도 뷔페 음식이 부족해 나를 포함한 상당수의 하객이 제대로 식사를 하지 못했다. 예식장에 가서 출출한 채로 나오니 좋은 기분은 아니었지만, 그냥 신랑 신부가 나와 비슷한 원칙을 가진 사람들이라고 생각했다. 그래도 기분이 말끔해지지는 않았다. 다른 행사도 아닌 결혼식인데.

예식장 이야기 하나 더. 이때는 장소가 신라호텔이었다. 호텔에서 예식을 진행할 때 식사할 좌석이 부족하면, 혼주는 통상 식사를 하지 못한 하객들을 비슷한 비용이 발생하는 호텔 내 다른 식당으로 안내하곤 한다. 식당 입구에는 나를 포함해 20여 명의 하객들이 식사를 하지 못하고 서 있었다. 웨이터가 혼주에게 가서 두 차례나 상황을 설명했다. 하지만 돌아온 웨이터가 우리에게 들려준 말은 '혼주가 원하지 않는다'였다. 혼주가 경황이 없어서 상황을 이해하지 못했거나,

추가로 계산되는 식대를 어떻게든 아끼고 싶어 하는 인상이었다. 물론 혼주들끼리 식대를 어떻게 처리할지 등 복잡한 사안이었을 수도 있다.

나는 일행이 없었던 터라 식사를 위해 30분 이상 기다리고 싶지는 않아서 조용히 나왔다. 집으로 돌아가는 길에 배가 많이 고파 예전 시골의 허름한 예식 피로연장에서 먹었던 불고기전골과 회무침이 떠올랐다. 이 경우에 중용을 대입하자면, 신라호텔에서의 혼주는 가계 상황을 고려하여 추가 비용이 걱정되지 않는 예식장을 선택해야 했을 것이다.

축하하러 가서 뵌 분들인데 비난하려는 의도는 아니다. 말이 쉬울 뿐이다. 아리스토텔레스도 이렇게 말했다.

"화를 내는 일, 돈을 주거나 써버리는 일은 누구든 할 수 있는 쉬운 일이지만, 마땅히 주어야 할 사람에게, 마땅한 만큼, 마땅한 때에, 마땅한 목적을 위해, 그리고 마땅한 방식으로 그렇게 하는 것은 결코 누구나 할 수 있는 일도 아니고 쉬운 일도 아니다."

그럼에도 '적당히' 하는 것이 어려운 이유

적당히 하는 게 쉽지 않은 까닭은 동서양을 막론하고 중용이 '중간'이라는 말과 헷갈리기 때문이다. 만약 이곳과 저

곳의 거리가 100m라고 할 때 50m 지점에 말뚝을 박는 것이 중용일까. 아리스토텔레스는 그리스의 레슬링 선수 밀론의 예를 들었다.

　트레이너가 밀론에게 10므나(당시 무게의 단위) 음식을 주었더니 너무 많다고 했고, 2므나를 줬더니 너무 적다고 했다. 이 상황에서 6므나를 주는 게 중용의 실천일까? 아니다. 3~9므나 사이에 어떤 양이 밀론에게 가장 적절한지 판단해야 한다. 이처럼 중용이란 사람과 상황에 따라 그 적용이 달라진다. 중용은 상황판단력의 다른 이름이다.

　중용의 스펙트럼은 우리의 모든 삶에 걸쳐있다. 하루에 잠을 몇 시간 잘지, 애인과 전화를 어느 정도 할지, 게임은 어느 정도 할지, 무엇을 얼마나 먹을지, 경조사비는 얼마나 낼지, 갑질을 당했다고 느낄 때 어떻게 행동할지, 어느 날 직장의 누군가가 나를 성희롱으로 고소했을 때 어떻게 대응해야 할지…. 우리는 매일매일 순간순간 '무엇을, 얼마나, 어떻게'의 적절함을 요구받고 있다. 정치나 행정의 본질도 그런 것이 아닐까.

　그런데 중용을 실천하다 보면 필연적으로 지나치거나 모자란 악덕의 소유자들에게 비난을 받는다. 아리스토텔레스는 비난을 받게 되는 이유도 친절하게 알려준다.

　　"양극단에 있는 사람들은 중간에 있는 사람을 각기 반

대쪽 극단으로 밀어낸다. 비겁한 사람은 용감한 사람을
'무모한 사람'으로 부르며, 무모한 사람은 용감한 사람을
'비겁한 사람'이라고 부른다."

비겁한 사람 ⟶ 용감한 사람 ⟵ 무모한 사람

어떤 일을 아무리 용감하게 잘해내도 무모한 사람과 비겁한 사람들에게는 비난의 대상이 된다. 이러한 현상이 나타나는 이유는, 사람들은 대개 자신의 성품이 정상이라고 생각하기 때문이다. 우리 정치 현실에서 하루가 멀다 하고 나타나는 현상이기도 하다.

아리스토텔레스가 말한 중용의 관점을 정치판에 적용해보자. 어떤 사안이 쟁점이 되었을 때 진보와 보수의 주장이 무모나 비겁으로 보일 때는 그 둘을 피해 그 사이 '용감'에 해당하는 좌표를 찍으면 된다. 그렇다고 꼭 둘 사이에서 찾아야하는 것은 아니다. 이를테면 진보의 주장이 그 자체 용기나절제처럼 좋은 것으로 보인다면 그게 곧 중용을 실천하는 길이다. 따라서 중용은 좌우 좌표 어느 지점에도 찍힐 수 있다.

이번에는 중용을 진보 혹은 보수 진영 내에서 적용해보자. 각각의 진영 내에서도 '적당히(대충이 아니라 최적)'라는 게있다. 어떤 진영이 국민적 외면을 받게 되는 이유는 언제나 진영 내에서 '적당히'를 실천하지 못하는 극단적이거나 모자란 사람들 때문이다. 따라서 당신이 진보든 보수든 제3지대(혹은 중도층)이든, 아리스토텔레스의 중용을 실천할 수 있어야 하고 또 그래야 한다.

○ 아리스토텔레스는 적당히 사는 게 몹시 어려운 일이라고 말했다.

○ 중용은 상황판단력의 다른 이름이다.

○ 양극단으로 편향된 사람들은 중용을 실천하는 이를 반대쪽 극단으로 밀어 넣고 폄하한다.

2

그때가 언제인지를
아는 사람이 아름답다

정치적 개인주의의 덕목 2.
공자의 시중

아리스토텔레스가 살았던 시기에 동아시아에서도 《중용》이
라는 공자의 사상을 담은 텍스트가 있었다. 용庸은 평소라는
뜻이어서 '중용'이란 매일 일상생활 속에서 중中(적절함)을
실천한다는 의미다. 이 텍스트는 특히 적절한 타이밍을 강조
한다.

중은 먼저일까 나중일까

직장에서 간 워크숍 일정 중 국궁장에서 활쏘기를 체험한 적이 있다. 고수들이 쏜 화살은 145m 거리의 멀리 있는 과녁에 꽂혔다. 화살이 하늘을 배경 삼아 그리는 곡선이 참 아름다웠다. 일행은 다들 초보이다 보니 30m 거리의 과녁판을 앞에 두고 짧은 교육을 받았다. 가운데 10점, 파란색 5점, 노란색 3점, 빨간색 1점, 벗어나면 0점.

사전 교육에서 활을 잡고 쭉 뻗은 왼쪽 팔의 손을 바깥쪽으로 조여서 돌려주지 않으면 화살이 오른쪽으로 날아간다고 알려줬다. 해보니 과연 그랬다. 좀 조여서 쏘니 이번에는 왼쪽으로 치우쳐서 날아갔다. 좌우 균형을 맞추니 이젠 위아래가 문제였다. 약간 들어 올렸는데도 화살이 과녁 한참 위로 날아갔다. 이렇게 좌우상하를 가늠하면서 왼손 오른손 힘 조절을 하니 최대한 '집중集中'하게 됐다.

우리가 중中에 대해 갖는 가장 큰 오해는 이것과 저것이 있은 다음에야 중이 형성된다는 인식이다. 3~4세기경 중국 위진남북조 시대의 한자 사전인 《옥편》에서는 '적的'을 '과녁射質'이라고 설명했다. 그래서 '적중的中'은 '목표한 과녁的의 한가운데中를 정확히 맞췄다'는 뜻이다. 이렇게 중은 좌나 우, 상이나 하가 생겨난 후에 만들어진 개념이 아니다. 오히려 순서상 그 반대다. 뜻한 바대로 되지 않았을 때 과녁을 벗어나 좌, 우, 상, 하의 방향으로 가게 된다.

앞서 아리스토텔레스의 중용도 같은 순서였다. 비겁과 만용 뒤에 용기가 생겨난 것이 아니라, 용기라는 덕목이 있고 나서 그에 못 미치는 비겁과 만용이 관찰되었다.

이번에는 중中의 어원을 더 거슬러 가서 옛날 사람들이 처음 농사를 짓고 모여 살게 되었을 때를 상상해보자. 정착한 마을 사람들은 중대사를 의논하기 위해서 어딘가에 모여야 했다. 회의를 주재하는 마을의 어른이 넓은 터(口)에 깃대(ㅣ)를 꽂으면 거기로 사람들이 모여들었다. 이것이 중中의 어원이다.

깃발을 꽂은 곳은 마을 어른이 사는 집 앞일 수도 있고, 마을에서 가장 많은 사람이 모여서 이야기할 만한 곳일 수도 있고, 간만에 모였으니 회의를 마친 후 잔치를 벌이기에 좋은 장소일 수도 있다. 중은 어원상 '안'이라는 뜻도 있는데 깃발이 터 안 어느 곳에 들어가 있기 때문이다. 반드시 정중앙은 아니라는 말이다.

중국中國이 나라 이름을 중으로 삼은 것은 자기네가 세상의 중심이라고 여겼기 때문이고, 지리적으로 지구의 중앙이어서는 물론 아니다. 역사적으로 중국 대륙의 여러 민족이 중원中原을 차지하기 위해 열심히 싸운 곳은 황하 유역이었다. 문명의 발상지였던 그곳은 농사짓고 살기 좋았던 곳이었을 뿐 경도와 위도를 따져 들어간 게 아니다. 이렇게 중中은

터 안에서 목표를 위해 가장 적합한 곳에 깃발을 꽂는 행위를 의미한다. 중은 가장 중요한 지점(양궁에서는 10점)이면서 가장 현명한 이들의 선택을 받은 곳(이를테면 중앙정부)이기도 하다. 그럼에도 온갖 상황에 모두 적용이 될 수 있는 추상적인 개념이어서 구체적으로 정의하기 어렵다.

어떤 것을 정의하기 어려울 때 우리는 부정을 활용해서 설명하곤 한다. 이를테면 담백하다는 맛을 '짜거나 맵지 않게'라고 설명한다. 마찬가지로 중이 아닌 상태를 표현하는 단어로 다음 개념이 좀 더 와 닿을 수 있다. 나이 지긋한 분들은 '과불급過不及'이란 말을 흔히 사용한다. 동아시아에서는 과過의 '지나침', 불급不及의 '모자람(도달하지 못함)'을 조합해서 '과불급'이라는 독립적인 하나의 단어를 아주 오랫동안 써왔다. 이 단어는 다른 서술어와 호응 관계를 이루며 사용되는데 윤리적 의미가 내포되어 있어서 명령어가 자연스럽다. 바로 이렇게 말이다.

"과불급을 피하라."

중은 언제나 우리 곁에 있었다

아이와 놀이터에 가면 시소를 타곤 한다. 작년에는 아이가 제일 끝에 앉고 나는 반대편 중앙 쪽으로 붙어 앉아도 내

쪽으로 기울었는데, 여덟 살이 된 지금은 거의 평형이 이루어질 정도로 아이 무게가 제법 나간다.

시소가 평형을 이루려면 내 무게와 함께 무섭게 성장하는 아이의 무게를 함께 고려해서 서로 반대편 어느 지점에 앉아야 평형이 될 수 있는지 가늠해야 한다. 이런 역량을 유학에서는 '권형權衡'이라고 불렀다. 권權은 저울추, 형衡은 저울대라는 의미다.

맹자도 전국시대 사람인 자막의 예를 들며 아리스토텔레스와 비슷한 이야기를 했다. 중용은 단순히 무엇과 무엇 사이의 가운데를 잡는 게 아니다. 중용이 되려면 반드시 저울질을 거쳐야 한다.

"자막은 중을 잡았다. 중을 잡았기에 도에 가깝다고 할 수 있다. 하지만 중을 잡았어도 권이 없으면 오히려 어느 쪽 하나를 잡은 것과 같다. 그것은 도를 해치는 것이다 (子莫執中, 執中爲近之, 執中無權, 猶執一也)."

자막이란 사람이 오늘날 한국에서 살았다고 가정하자. 자막이 보수도 싫고 진보도 싫어서 별 고민 없이 제3지대를 표방한 정당에 표를 던졌다고 하자. 권權(저울질), 즉 고민을 행사함 없이 그저 가운데를 골랐다고 해서 중도中道(적절한 길)가 되지 않는다.

정의의 여신상을 보면 서양에서도 이런 저울질을 중요한 역량으로 여겼음을 알 수 있다. 판결에서 판사가 어느 한쪽에 치우치지 않아야 한다는 말은 피고가 무죄, 검사가 10년 형을 주장할 때 중간쯤인 5년 형을 내리라는 뜻이 아니다. 무죄이든, 10년 형이든 그 사이 어디든 판사는 가장 공정한 판결을 위해 추의 무게를 가늠하고 저울질해야 한다.

이제 중을 우리 스스로에게 적용해보자. 지금 내 마음의 상태는 어떤가. 혹시 어느 쪽으로 심히 기울어 있지 않은가. 내 인간관계는 어떤가. 혹시 거리를 둬도 되는 사람과 쓸데없이 자주 만나고 있지는 않은가. 친밀해야 마땅한 사람과 소원하게 지내는 건 아닌가. 사회로 확장해보자. 우리 사회의 운동장은 혹시 어느 한쪽으로 기울어져 있지 않은가. 한쪽 친구들은 저 멀리 뛰어갈 때 이쪽 친구들은 아무리 용을 써도 출발선에도 서지 못하고 허우적대고 있지는 않은가.

과불급을 피해서 도달하는 귀착점은 중이다. 중은 전통 시대 동아시아인들이 목표로 삼았던 마음, 인간관계, 사회의 상태다. 이 설명 구조는 아리스토텔레스의 중용 개념과 거의 일치한다. 이렇게 중도는, 모 의원의 말처럼 듣도 보도 못한 개념이 아니라 전통과의 단절 이전, 2,000년 이상 동아시아 사상의 핵심으로 군림한 사상이다. 지금처럼 보수도 진보도 아닌 어정쩡하고 기회주의적이며 사회에 대한 고민도 부족한 이들을 지칭했던 개념이 아니다.

시중, 정치인에게는 더욱 중요하다

가야 할 때가 언제인가를
분명히 알고 가는 이의
뒷모습은 얼마나 아름다운가.

이형기 시인의 시 〈낙화〉의 한 구절이다. 때를 알고 스러지는 꽃이 아름다운 것처럼 어느 적절한 시점에 적절한 말과 행동을 하는 모습 또한 아름답다. 만약 그때가 아니었다면 어땠을까. 그 전에 돌아섰다면 용기가 없거나 도전 정신이 부족한 사람이었을 테다. 그때 이후에 돌아섰다면 탐욕으로 자신을 해치고 남에게 민폐가 되었을 테다. 중용을 실천할 때 단순히 적절함만으로는 부족하다. 중용을 행할 타이밍이 참으로 중요하다. 동양에서는 특별히 '시중時中(때에 맞게 적절함)'이라는 말을 썼다.

언제가 적절한 때인지는 사람마다 다르다. 어떤 사람은 정상에 오른 순간 멋지게 떠나기를 원한다. 하지만 어떤 사람은 정상에서 내려온 후에도 한계에 도전하기를 즐긴다. 자신의 육체적·정신적 힘이 다할 때까지 올림픽이라는 축제에 참가해서 경쟁하는 모습은 그대로 아름답다. 세계적인 단거리 스프린터였던 미국의 로린 윌리엄스는 은퇴 후 봅슬레이 선수로 변신하여 2014 소치 올림픽에서 은메달을 획득,

육상 팬들에게 또 다른 즐거움을 선사했다.

얼마 전 들국화의 노래 〈그것만이 내 세상〉을 들었다. 들국화의 공연은 물론 전성기 때와 거리가 있다. 전인권은 호흡이 가빠져서 예전처럼 길게 소리를 뽑지 못한다. 하지만 닳아버린 목의 한계에도 지금 최선을 다하는 모습은 나름의 멋이 있고 그 자체로 의미가 있다.

정치인의 타이밍은 더욱 중요하다. 스포츠나 예술이 아무리 즐거움과 감동을 주더라도 선수나 가수는 기본적으로 남을 위해 훈련하지 않는다. 하지만 정치는 알파와 오메가, 즉 처음부터 끝까지 공적 업무다. 호흡이 가빠져서 길게 소리를 뽑지 못할 것 같으면 할 수 있는 사람에게 양보하는 것이 옳다. 누구의 말대로 별의 순간을 포착했을 때 쓸데없이 양보한다든지, 양보해야 할 때 고집을 부리는 것도 중용이 아니다. 개인도, 정권을 잡은 이들도 어려움에 처하는 이유는 대체로 이것을 놓쳤기 때문이다.

문재인 정부의 실정도 타이밍과 관련이 있다. 최저 시급을 올리고 재생에너지를 활용하겠다는 방향 설정은 잘못된 것 같지 않다. 그러나 속도의 완급을 조절하지 않고 밀어붙인 결과를 지금 우리는 체감하고 있다.

이상 아리스토텔레스의 《니코마코스 윤리학》, 동양의 《중용》 텍스트에서 전하는 '중용'의 덕목을 간략히 소개했다. 정치판 이야기를 하다가 뜬금없다고 느꼈을지도 모른다.

그러나 이 텍스트들은 정치철학 분야에서도 중요하게 다루어진다. 그리고 정치판의 좌우놀이 프레임에서 벗어난 이들이 판단하고 행동하는 데 도움이 될 수 있는 한 덕목을 소개하고 싶었다. 어떤 진영의 스피커들 목소리를 따라가지 않고 주체적으로 판단하고자 한다면, 이러한 덕목을 실천하는 노력은 불가피하게 따라오는 책무일 것이다.

○ 중(적절함)이 먼저 있고 나서 좌우상하가 생겼다.

○ 중용을 실천하기 위해서는 저울질을 거쳐야 한다.

○ 개인의 일도 정치도 최적의 타이밍이 중요하다.

3

'근대화'를 다시 보다

대원군과 김옥균, 누가 옳았을까?

지금부터는 어느 진영에도 속하지 않은 필자가 앞에서 설명한 중용과 시중의 시선으로 한국 근현대사의 네 가지 주제에 대해 개인적인 견해를 풀어보려 한다. 하나의 발제로 여기고 동의, 반박, 혹은 새로운 의견을 제시해주었으면 한다. 블로그나 SNS를 통해 당신의 견해를 볼 수 있기를 기대한다.

첫 번째는 구한말 두 명의 풍운아, 쇄국정책을 펼친 대원군과 급진 개화를 추구한 김옥균에 대한 이야기다. 서구 문물을 받아들이는 방식에 있어 쇄국과 개화는 양립할 수 없다. 따라서 쇄국정책이 잘못되었다면 개화정책에 대한 평가도 달라야 할 것이다. 혹시 김옥균에 대해 어떻게 생각하는가?

대원군 때문에…

  우리 아들은 좋지 않은 습관이 하나 있는데 자신에게 불리한 상황이 오면 아빠 탓을 한다는 것이다. 들리는 후문에 의하면 어디서 방귀를 뀐 후에 엄마가 "너지?" 하면, "아빠가…."라면서 있지도 않은 사람에게 덮어씌운다는 것이다. 여기서 시작한 '아빠 때문에…'가 여러 상황까지 확산되고 있어서 언제 한번 혼낼 날을 기다리고 있다.

  지금도 많은 이가 습관적으로 '탓'을 돌리는 구한말의 인물이 한 명 있으니, 바로 흥선대원군이다. 구한말은 옛 한국의 끝자락이라는 뜻으로, 고종이 1897년 대한제국을 선포하고 1910년 일제에게 나라를 빼앗길 때까지의 시기다. 그런데 보통은 시기를 넓혀, 강화도 조약을 체결해 최초로 문호를 개방한 1876년부터 1910년까지 대략 34년 동안의 시기를 이른다. 고종은 1864년 왕위에 올라서 1907년 일제의 강압으로 내려왔으니 구한말은 고종의 시대라고 해도 지나치지 않다. 그리고 이 시기는 권력을 행사한 명성황후(민비), 라이벌 관계였던 대원군을 떠나서 이야기할 수 없다.

  아들이 임금이 되면서 권력을 잡은 대원군 앞에 놓인 19세기 정세는 심상치 않았다. 대내, 대외 모두 살얼음 위였다. 세도정치에 더해 세금을 걷는 삼정의 문란과 연이은 민란으로 조선은 최악의 시기를 경험하고 있었고, 외부로는 제국주의 국가들의 통상 요구가 빗발쳤다. 이때 등장한 개혁가 대원군은 기득권을 제압하는 과감한 정치로 민생을 챙겼다. 서원 철폐로 유생들이 반발하자 "백성을 해치는 자는 공자가 다시 살아난다 해도 용서치 않는다!"라며 사자후를 토했던 모습은 영웅의 모습에 가깝다.

그럼에도 대원군에 대한 평가가 인색한 가장 큰 이유는 대외 정책 때문이다. 쇄국으로 우리는 개화라는 시대 조류에 뒤처졌고, 특히 숙적 일본과 비교되지 않을 수 없었다. "대원군 때문에…."는 우리가 구한말을 돌이킬 때 별생각 없이 입버릇처럼 하는 말 중 하나다.

대원군에 대한 우리의 비판은 정당할까. 혹시 내가 아들에게 느끼는 것처럼 대원군에게도 억울한 면이 있지는 않을까. 이를 확인하기 위해 대원군 실각 이후 당시 개화를 놓고 벌어진 갈등의 상황에 들어가보겠다.

갑신정변은 왜 실패했을까?

바야흐로 대원군이 서원 철폐 문제로 탄핵되어 권력에서 내려온 후 조정에서는 '개화의 속도'를 놓고 당파가 형성되었다. 개화파 분열의 또 다른 이유는 청나라와의 관계에 대한 인식의 차이, 근대국가 건설에서 임금의 지위의 차이(전제정이냐 입헌군주제냐) 등이었다. 급진파는 스스로를 개화당이라고 부르고 대표적으로 두 가지 개혁을 주장했다. 임금이 국민의 대표 기관에 권한을 내려놓는 입헌군주정의 실시와 전통적인 사대관계였던 중국으로부터 독립할 것. 그리고 서구문물을 도입하여 빠른 근대화를 이루어야 한다고 보았다.

```
         진보                        보수
   급진개화  ―  온건개화  ―  위정척사
    김옥균        김홍집        최익현
```

개화당은 주도권을 잡지 못하자 전전긍긍하다 쿠데타를 일으킨다. 1884년 갑신년은 대한제국에 우정국(현재의 우체국)이 생긴 해로 거사 시점은 12월 4일 개국 축하연이었다. 대원군을 탓하는 우리가 만약 이 시절 개화당원이었다고 가정하면 어떻게 하는 게 옳았을까?

정변을 보름 앞둔 1884년 11월 19일, 정변의 주역 중 한 명인 홍영식이 미국 공사 푸트와 나눈 대화를 보자.

> **홍영식** 여기 한 기름등의 불빛이 매우 밝으나 물건에
> 가리어 안의 빛이 밖을 비추지 못하고 있습니
> 다. 어떤 사람이 가린 것을 걷어 빛을 내보내려
> 하나 가린 물건이 너무 뜨겁고 단단해 쉽게 걷

을 수가 없어 부득이 그것을 깨뜨리려고 하고 있습니다. 이것이 잘하는 일입니까, 아닙니까?

푸트 지금 이 등은 사면으로 바람 부는 곳에 놓여있습니다. 그 가린 물건은 바람이 불어서, 혹은 불이 붙어서, 혹은 열이 올라 깨질 수도 있어서 반드시 깨어질 터인데 왜 손을 써서 깨뜨리려고 합니까. (…) 나는 조용히 기회를 보아 그 스스로 깨어짐을 기다리는 것이 옳은 계책이라고 생각합니다.

등잔의 불빛을 소재 삼았지만 실상은 정변에 대한 대화다. 12월 4일, 개화당은 끝내 빛을 가리는 세력을 제거하려 하였고, 잠시 성공했으나 3일 만에 실패로 끝났다. 이후는 정확히 푸트의 우려대로 흘러갔다. 개화라는 이름의 손과 옷이 타버려 완전히 기세가 꺾여버렸다. 개화당의 일원이었던 윤치호는 거사 다음날인 12월 5일, 정변의 실패를 예견하고 그 이유를 이렇게 분석했다.

첫째. 임금과 왕비를 위협하고 그들이 친애하는 신하들을 죽인 것은 이치를 거스른 것이다.
둘째. 외세(일본)를 믿고 의지하였으니 오래가지 못할 것이다. 청군이 반드시 군대를 몰고 올 것이다.

셋째. 민심이 불복하여 변란이 안으로부터 일어날 것이다.

안(민심)과 밖(청나라)의 힘을 무시한 처사였기에 실패할 수밖에 없었다는 이야기다. 달리 말하면 민중의 지지를 얻고 청나라 세력을 배제할 수 있는 확실한 방안이 있었다면 성공할 수도 있었으리라. 그러나 당시 조선의 민중들에게 개화는 관심사가 아니었다. 민중은 역적을 싫어했고 그보다 더 일본을 싫어했다. 그래서 김옥균의 집과 일본 공사관은 같은 날 불에 타 한줌 재가 되었다.

개화당의 리더였던 김옥균은 어떻게 되었을까. 그는 안동 김씨 세도가 출신이면서 과거에 장원급제했을 뿐 아니라 시·서·화 등 예술과 바둑 등 잡기에 능하고 리더십 또한 탁월해 당대에 대단한 기대를 모았던 인물이다. 김옥균은 정변 실패 후 일본으로 갔고 조선 정부는 일본에 줄기차게 김옥균의 송환을 요구하면서 자객을 보내 암살을 시도했다. 마침내 정변 10년 후인 1894년, 프랑스 1호 유학생이었던 홍종우가 그를 청나라로 유인해 암살에 성공하였다. 정변 당시 척족들의 죽음으로 김옥균에 이를 갈던 명성황후는 청과 협상하여 그의 시신을 조선으로 송환해 능지처참한 후 얼굴을 양화진(현재 마포구 합정동 지역에 있던 나루터)에 걸어놓았다.

주모자 중 가장 어렸던 서재필은 어떻게 되었을까. 그는 김옥균과 일본으로 도피한 후, 샌프란시스코로 건너가 한국 최초의 미국 시민권자가 되었다. 조선에서는 과거 합격자였던 엘리트가 막일을 하다 교회에서 후원자를 만나 고등학교에서 어린 학생들과 공부했고, 의대에 진학하여 의사가 된 후 미국 유력가문의 딸과 결혼하였다. 그는 1895년에 갑신정변 주모자들이 복권되자 미국인 필립 제이슨이라는 신분으로 부인 뮤리엘과 함께 귀국했다. 독립협회를 만들고 의회설립운동을 하다 정부의 출국 요청으로 다시 미국으로 갔고 해방 후에는 청년 김대중(후일 대통령)으로부터 대통령 출마 촉구 서한을 받기도 했다. 한 사람의 운명이 이렇게 드라마틱할 수 있을까. 하지만 그에겐 평생 떨쳐낼 수 없는 가족사가 있다.

갑신정변 직후 아내는 자살, 아빠와 엄마가 사라진 두 살 아들은 자연사, 양아버지의 전 재산 몰수와 노비 강등, 친아버지의 자결, 친어머니는 노비로 끌려갔다가 자결, 맏형은 감옥에서 자결, 동생은 도주하다 처형, 양어머니, 이복형, 이복동생의 죽음…. 처절한 연좌제에 의한 멸족. 이것이 서재필과 갑신정변 뒤에 가려진 개화되지 못했던 한국사의 이면이다.

정변의 실패로 그나마 온건파에 의해 추진 중이던 개화 시책마저 중단되었고 1894년 갑오개혁이 실시되기 전까지는 개화의 긴 암흑기가 도래하게 된다. 구한말이라는 시기는 34년에 불과하다. 그 가운데 10년의 세월을 날린 셈이니 갑신정변이라는 급진의 시도는 결과적으로 일어나지 않은 것만 못하였다.

하지만, 그들의 혁명 정신은 어떻게 평가해야 할까?

그들의 개화와 독립, 그리고 일본

개화

쇄국정책을 이끌었던 대원군이 1873년 탄핵되어 야인으로 돌아간 이후, 조금씩 추진되었던 개화정책은 당시 두 개의 모델을 갖고 있었다. 청나라의 양무운동과 일본의 메이지 유신. 1884년, 정변이 일어나기 전 윤치호는 고종에게 이렇게 아뢰었다.

"일본은 30년 내외로 경장, 진작하여 문명과 부강을 이루어가고 있고 이는 60년이나 외국과 통상한 청국보다 백 배나 더 낫습니다. 그것은 무슨 까닭입니까. 청국은 옛것만을 지켰으나 일본은 능히 옛것을 고쳐 새것을 본받았기 때문입니다. 우리나라에는 이 두 개의 본보기가 있습니다. 새것을 쫓는 것과 옛것을 지키는 것은 이익과 손해가 분명합니다.(1884.7.20.)"

비록 일본에 비해 30년 뒤처졌지만 이제라도 조선이 개화를 향해 진격해야 한다는 목소리다. 다만 1884년 조선이든 2021년 한국이든 우리에게 일본 이야기는 불편하다. 그들을 모델로 삼다니?

다시 대원군 이야기를 해보자. 대원군은 서양 세력을 배척한 위정척사파다. 만약 대원군 때문에 우리나라가 동북아 정세에서 뒤처졌다는 비판이 성립하려면, 위정척사가 아니라 개화가 옳은 길이었다는 것, 그중에서 더 빠르고 과감한 개화를 추진했던 개화당의 정세 파악이 옳았다는 것을 인정해야 한다. 따라서 비록 미숙함으로 정변이 실패했더라도 그들의 정신은 높이 사지 않을 수 없다. 당시 김옥균은 노래를 부르듯 이 말을 하고 다녔다.

"일본이 동방의 영국 노릇을 하려 하니 우리 조선은 적어도 동방의 프랑스가 되어야 하지 않겠소."

독립

당시 개화당은 청나라로부터의 독립을 주장했기에 스스로를 독립당이라고도 불렀다. 일제강점기를 거친 우리는 '독립'이라고 하면 일본을 떠올리지만 1880년대를 살았던 이들은 달랐다. 비록 불평등조약을 체결했지만 세계열강과 수교를 맺으며 국제사회의 일원으로 등장하던 우리 내부의 쟁점 중 하나는 중국(청나라)으로부터의 독립이었다. 윤치호는 청나라에서 파견한 독일인 고문 묄렌도르프가 쓴 《조선략기朝

鮮略記, (조선에 대한 간략한 기록)》에서 '조선 왕은 청 황제의 종奴僕(노복)이다'라는 구절을 읽고 분노하여 이렇게 적었다.

"사사로운 경우로 말한다면 마땅히 매질을 해서 쫓아내야 할 것이며 공적으로 말한다면 유배를 하거나 주살을 해야 옳다. 지금 우리나라와 청국과의 관계는 오대주 사람들이든, 삼척동자이든 누구도 모르는 사람이 없다. 모름지기 스스로 떨쳐 일어나는 데 힘을 써 독립을 기약하는 것만이 지금 우리나라의 급선무이다."

일본

이제 다소 꺼림칙한 이야기를 꺼내려 한다. 당시 김옥균, 서재필 등 개화당의 멤버들은 일본 근대화의 아버지라고 불리는 후쿠자와 유키치와 교류하였다. 인정하고 싶지 않지만 당시 일본은 아시아의 성공적인 개화 모델이었다. 만약 대원군의 쇄국이 국제 정세를 읽지 못한 실책이었다면, 그리고 청나라의 근대화 정책이 성공적이지 못했다면, 또한 미국, 영국, 프랑스, 독일 등 서양 국가들은 우리와 역사적·문화적 토대가 달라 모델로 삼기 힘들었다면, 우리가 참조해야 할 근대화의 모델은 멀리 있지 않았다.

갑신정변의 주역들이 정변을 일으킨 이유는 일본에 나라를 헌납하기 위해서가 아니었다. 그들은 독립된 근대국가를 건설하고 싶었다. 하지만 그들은 당시의 조선인이나 지금의 한국인들에게 정당한 평가를 받지 못하고 있다. 그 이유는 다른 무엇보다, 일본과 친했기 때문이다.

오늘날 한국에서는 반일 민족주의가 진보의 가치로 받아들여지고 있다. 하지만 이는 한국 현대사의 흐름에서 보수 진영과 대립하며 생긴 프레임일 뿐이다. 프레임을 벗어나 사전적 의미를 기준으로 잡으면, 구한말의 반일 민족주의는 보수(위정척사), 세계화는 진보(개화)에 해당한다.

우리의 구한말을 돌아본 까닭은, 오늘날 우리 사회 진보와 보수의 대립을 좀 더 폭넓은 시각에서 이해하는 데 도움이 될 수 있으리라는 필자의 기대 때문이다. 그리고 만약 우리가 대원군의 쇄국정책 때문에 일본에 뒤처졌다는 생각을 가졌다면, 당시 우리가 어떻게 해야 했는지에 대해 한마디 더 이야기할 수 있기를 바라는 또 다른 기대 때문이다.

그동안 우리의 근현대사 교육은 불편하면 생각을 멈추게 했다. 21세기 대한민국의 국제 위상을 고려할 때 이제는 변할 필요가 있다. 그렇지 않고 계속 '대원군 때문에…'를 이야기하는 건 음흉한 야심가였지만 한편 탁월한 개혁가이기도 했던 고인에 대한 실례가 될 것이다. 또한 일본과 교류했다는 이유로 김옥균에 대한 평가를 피한다면, 우리는 지금의 국제정세를 헤쳐나가는 데 참조가 될 중요한 역사적 교훈을 버리는 우를 범하게 될지도 모른다.

○ 대원군 때문에 역사가 뒤처졌다고 생각한다면, 그때 우리가 어떻게 해야 했는지에 대해서도 생각해야 한다.

○ 비록 실패했지만 당시 급진개화파가 추진한 근대화는 우리 민족이 가야할 길이었다.

4
'친일'을 다시 보다
어느 친일파의 일기

해방된 지 75년이 지났지만 한국에서 일본에 대한 이야기는 여전히 논쟁 거리다. 해방 후 반민족행위를 처단하지 않고 넘어간 탓이 크다. 그러다 보니 한국의 진보는 늘 보수를 친일 세력으로 몰아붙인다. 이제라도 민족 정기를 바로 세우자는 주장은 옳다. 단, 이 과정과 결과가 더 훌륭해지기 위해서 주의해야 할 점이 있다. 행위에 집중해야 한다는 것이다. '친일'은 '친일 반민족행위'의 줄임말이다. 중점은 뒤에 있다. 해방 후 구성된 특위의 이름도 '반민족행위처벌특별위원회'였다. 행위를 지목하고, 비판하고, 처벌하는 것이 옳다.

친일파라는 이름표는 어떤 인물에 대해 더 이상 말할 수 없게 만든다. 그러면 말할 수도 있는(혹은 말해야 하는) 무언가를 놓치게 된다. 이번에는 우리가 놓치고 있는 무언가를 이야기할 것이다. 원고에서 빼려다 넣은 만큼 필자에게 약간의 용기가 필요했다.

그의 일기에는 역사가 담겨있다

"그녀에게도 이혼할 권리가 있다. 조선의 여성은 아내로서 엄마로서 요리사로서 재봉사로서 빨래하는 여자로서 온갖 고된 일을 견뎌내야 한다. 여자는 걷어차이고 두들겨 맞고 머리채를 잡혀 질질 끌려가는 위기에 처해도 어디에도 하소연할 곳이 없다. 이런 운명을 박차고 나왔다는 이유로 그녀를 나무랄 수 있을까? 여자니까 노예처럼 살라고? 사람들은 이혼이 성서에 나오지 않는다고 말한다. 옳은 말이다. 그러나 이혼 금지도 성서에 나오지 않는다.(1931. 10. 26.)"

1931년, 여성의 이혼이 사회적 이슈로 제기되자 단호한 입장을 표명한 이 앞선 젠더 감성의 소유자는 누구일까. 오늘은 실례를 무릅쓰고 그의 일기장을 들춰보려 한다.

얼마 전 이삿짐을 싸면서 옛 일기장을 마주쳤다. 보니까 초등학교 1, 2학년 때는 그림 일기였고, 3학년 때부터는 글로만 적기 시작했다. 담임선생님의 '잘했어요' 도장이 있는 과제물들이다. 좀 더 커서 나라는 한 명의 독자만을 염두에 두고 쓴 '자율' 일기에는 지금 보기에 민망하고, 부끄럽고, 도무지 이해되지 않는 대목들이 꽤 있었다. 이걸 남들이 본다는 건 상상할 수 없다.

그런 비밀스러운 글을 유족들이 국사편찬위원회에 사료로 기증했다. 1865년부터 1945년까지, 정확히 우리 역사의 구한 말과 일제시대를 살았던 윤치호는 1883년부터 1943년까지 60년 동안 3개 언어로 쓴 일기를 남겼다. 그중 1889년 12월 8일부터 1943년 12월 7일까지, 50년 이상이 영어로 쓰여있다.

윤치호는 우리 역사 최초로 영어를 제대로 구사할 줄 알았던 인물이다. 정부의 개화 시책으로 일본에 가서 선교사로부터 영어를 배운 그는 귀국 후 1882년 한·미 수교로 입국한 미국 공사의 통역을 맡았다. 윤치호가 어린 나이에 고종과 명성황후를 늘 독대할 수 있었던 이유다. 그 와중에 갑신정변이 일어났다. 윤치호가 정변을 주도한 이들과 같은 당이라는 인식으로 화를 당할 위기에 처하자, 고종은 윤치호에게 외국행을 권했다. 그는 미국 남부의 명문 벤더빌트대와 에모리대를 졸업한 후, 중국을 거쳐 갑신정변의 요인들이 복권한 1895년에야 귀국할 수 있었다.

그 후 윤치호는 독립협회에서 활동하며 독립신문 간행을 주도했다. 서재필의 출국 후에는 협회장이 되어 의회 설립을 추진하며 만민공동회를 개최했고, 을사조약 이후에는 정부의 거듭된 반려에도 관직에서 물러나 한국 YMCA를 창설했고, 대한자강회를 조직했으며, 신민회 회장으로 활동했다. 또한 한영서원(현재의 송도고등보통학교)을 설립하고 대성학교 교장을 맡았다. 그러던 중 1910년 한일병합을 맞이했지만 윤치호는 여전히 YMCA 운동을 주도하면서 연희전문 교장, 이화여전 이사로 활동하며 벽지에 초등학교를 여럿 설립했다. 민립대학설립운동, 물산장려운동, 이순신유적보호모금운동 등 그의 이력이 곧 개화기와 일제 강점기 민족계몽운동의 역사였던 셈이다. 그러나 윤치호는 일제 말기 적극적인 친일 부역 행위로 《친일인명사전》에 등재되었다.

근대화라는 측면에서 윤치호는 가장 앞선 사고의 소유자였다. 잘 알려진 바대로 만민공동회에서 천민 출신을 연사演士로 올렸고 스스로 집안의 노비를 해방시켜 자유, 평등, 인권의 가치를 실천하였다. 윤치호는 단발에 대해서도 민족의 전통보다는 자유의 관점에서 지지했다.

"상투는 겉보기에는 아무 잘못이 없지만 중국의 노예, 썩어빠진 구태의 노예, 유교의 맹목적인 지침의 노예라는 징표이다. 머리를 짧게 자르는 것은 자유와 진보를 향한 첫걸음이 될 것이다.(1902.9.11.)"

그러나 민족의 자강을 바랬던 젊은 개화기 정치인의 열망은 뜻대로 진행되지 못했다. 윤치호가 구한말 임금에 대한 원망과 함께 좌절을 토로한 한 대목을 보자.

"오늘 자 관보에는 독립협회를 해산하고 헌의육조를 승

인한 대신들을 해임한다는 칙령이 실렸다! 이런 사람이 바로 왕이다! 아무리 감언이설로 사람을 속이는 비겁자라도 대한민국의 태황제보다 더 야비한 짓을 저지르지는 않을 것이다! 정부는 지금 친일파와 친러파 악당들의 손아귀에 놓여있고 일본과 러시아는 탐나는 권리를 양도받기 위해 그 악당들을 후원하고 있다. 망할 일본인들!(1898.11.5.)"

일본을 향한 양가감정

윤치호는 조국을 향해 침략의 야욕을 드러낸 일본을 증오했다. 을사조약 직전 미국 외교관이자 외국인 고문이었던 스티븐스와의 대화를 기록했다.

"'누구든 그 조약에 서명하는 사람은 자신의 나라를 팔아 버리는 자가 될 것입니다. 제정신을 가진 사람이라면 어느 누구도 서명하지 않을 것입니다.'
스티븐스 씨는 내 말이 유감스럽다고 했다. 그리고 그 조약에 서명하는 조선인은 배신자가 아니라 애국자가 될 것이라고 했다.(1905.11.17.)"

하지만 비슷한 시기에 이런 글도 남겼다.

"나는 황인종의 한 사람으로서 일본을 존경한다. 그러나 일본에게 독립을 비롯해 모든 것을 빼앗기고 있는 조선인의 한 사람으로서는 일본을 증오한다.(1905.9.7.)"

증오와 존중이라는 두 감정은 병합 이후에도 지속되어 온탕과 냉탕을 오가듯 표출됐다. 윤치호는 일본의 수탈에 끊임없이 적개심을 표출하면서도 그들의 근대화와 서양 국가에 대항할 수 있는 국력을 부러워했다. 일제강점기 윤치호의 행적을 파악하는 데 도움이 될 키워드가 하나 더 있다. 일기에 명시적 언급을 하지는 않았지만 당시 세계적으로 유행했던 사조思潮인 '사회진화론'이다.

사회진화론은 다윈의 진화론을 사회에 접목한 이론으로 적자생존, 약육강식을 국제 질서의 자연스러운 현상으로 받아들인다. 이 이론은 두 가지 반응을 낳았다. 첫째, 강대국의 식민지 침탈은 당연하다. 둘째, 우리도 강해져야 한다.

사회진화론 ⟶ 식민지 현실 긍정(타협론, 친일의 가능성)
　　　　　 ⟶ 우리도 힘을 키우자(민족 실력양성운동)

사회진화론은 윤치호를 민족의 실력양성에 매진하게 만들었다. 한편 동시에 그를 식민지 현실을 긍정하는 자로 만들었다. 다음 두 대목을 보자.

"이론적으로 따지면 미국에서 인디언들이 독립적으로 살
아가도록 내버려 두는 것이 정의로운 일이었으리라. 하지
만 백인들이 인디언들의 야생 사냥터를 인류 역사상 가장
부유하고 강력한 공화국으로 변모시켰다는 사실 앞에서 세
상 사람들은 그 이론을 바람에 날려버릴 것이다.(1919.5.11.)"

"오로지 상대에게 두려움을 줄 수 있는 힘만이 강한 민
족으로 하여금 약한 민족을 정당하고 공평하게 대하도록
만들 수 있다. 물 수 없다면 짖지도 말라.(1929.12.12.)"

1929년의 일기는 1929년 11월에 일어난 광주학생항일
운동에 대해 적은 내용 중 일부다. 물 수 있는 힘을 키우자.
맞는 말이다. 하지만 힘이 없으면 짖지도 말자? 구한말 개화
를 위해 죽음도 무릅쓴 윤치호가 어떻게 일제강점기 독립운
동을 회피한 나약한 지식인이 되었는지를 상징적으로 보여
주는 대목이다.

실력양성운동은 무엇인가

한일병합 이후 윤치호는 데라우치 총독 암살을 기도한

일명 '105인 사건'을 주도한 혐의로 기소되어 6년 형을 선고받고 3년을 복역했다. 감옥에는 성경 이외에는 필기구도 반입이 금지되어 일기를 적을 수 없었고, 수감 전 압수된 당시 일기장이 소실되어 그 시절 윤치호의 생각을 파악할 길이 없다. 하지만 분명, 이 사건은 윤치호의 투쟁 동력을 떨어뜨렸다. 윤치호는 3·1운동 참여를 거부했다. 독립운동가들의 원성이 자자해지자 그는 이렇게 고백한다.

"그동안 내가 관계했던 대중 운동은 모두 실패로 끝났다. 아니, 단순히 실패로 끝난 것이 아니라 다시 맞설 수 있는 용기의 상실이라는 개인적 고통을 안겨주었다. 내게는 연로하신 어머니와 연약한 아이들이 있으며 가족들의 행복이 소중하다. 거의 절망적인 사업(성공 가능성이 희박한 독립운동 - 필자 주)에 모험을 할 정도로 나는 영웅적인 인물이 아니다.(1919.7.31.)"

윤치호는 현실 정치를 외면하는 대신 YMCA의 사회운동을 펼치면서 교육 사업에 전력을 기울였다. 그의 일기에는 이 운동이 무엇인지 잘 보여주는 비유가 있다.

"동일한 특성을 가지고 있는 소나무 씨 두 개가 있다. 하나는 비옥한 토양에 심었고 다른 하나는 바위 틈새에 집어넣었다. 몇 년 뒤 비옥한 토양에 심은 소나무 씨는 풍부한 햇살과 공기를 만끽하는 멋진 소나무가 되었다. 반면에 다른 소나무 씨는 해마다 살아남기 위해 발버둥 치는 허약하고 작은 소나무로 자랐다. 우리 집에는 이런 두 종류의 소나무가 있다. 따라서 어떤 민족을 열등하다고 하지 말라. 만약 그 민족이 유리한 조건에 놓였다면 우월한 민족만큼 뛰어난 민족이 되었을 테니까. (1919.4.29.) "

실력양성가들은 조선 땅을 바위 틈새가 아닌 비옥한 토양으로 만들기 위해 애쓰는 이들로 주로 교육·언론·산업 분야에 종사했다. 이 일은 외국에서 활동하는 독립운동가들이 할 수 없는 일이었다.

우익 친일파가 더 많은 까닭

나는 때로 친일 청산을 부르짖는 86세대(1980년대 민주화 투쟁을 주도했던 이들)를 보면 이런 느낌을 받곤 한다. 혹시 본인들의 투쟁 경험을 떠올리면서, 일제시대 독립운동에 참여하지 않은 이들을 필요 이상으로 폄하하는 것은 아닌지. 다음 윤치호의 글을 보고 생각해보자.

"조선인 두 명이 있다고 하자. 한 사람은 자기 논이나 상점에서 열심히 일하면서 자기 가족을 편안하게 부양하고 주위 사람들에게 도움을 주면서 살아간다. 하지만 그는 만세를 부르고 다니지 않는다. 다른 한 사람은 도박꾼에다 난봉꾼이다. 그는 방탕한 생활로 아버지에게 물려받은 재산을 탕진한다. 하지만 그는 시도 때도 없이 만세를 부르고 다닌다. 두 사람 가운데 어느 쪽이 진정한 애국자인가?(1919.11.11.)"

윤치호의 비교가 공정하려면 도박꾼도, 난봉꾼도 아닌 독립운동가를 대상으로 삼아야 한다. 만약 그렇다면 민족을 위해 본인과 가족을 희생한 독립운동가의 도덕성이 더 숭고하다고 할 수 있다. 하지만 그의 의도는 평범하게 묵묵히 열심히 현실을 살아가는 사람들도 나름의 애국을 실천하는 사람이라는 점에 대한 강조다. 이런 관점을 갖고 있기에 그는 독립운동에 참여하지 않는다고 스스로를 부끄럽게 생각하지 않았다.

다만 실력양성론은 한 가지 큰 취약점을 안고 있었다. 단기적인 독립운동과 달리 장기적인 민족의 힘을 키우는 길이었고 국내에서 실정법의 테두리 안에서 활동하던 이들이다 보니, 자칫 일제의 의도에 말릴 수 있다는 점이다. 다음은 당시 사회주의와 민족주의 계파를 나타낸 것이다.

사회주의계(좌익) ⟷ 민족주의계(우익) ┌ 비타협적
                                    └ 타협적

위에서 비타협적 민족주의계는 바짝 정신을 차린 사람들이다. 타협적 민족주의계는 일본과 친해질 수 있는 사람들인데, 그 자체로 반민족행위자가 되는 것은 아니지만 그렇게 될 가능성을 안고 있다. 실제로 다수의 반민족행위자, 혹은 변절자들이 여기서 양산되었다.

왜 타협적 사회주의계는 없을까? 공산주의는 이념 자체가 제국주의를 허용하지 않았다. 사회주의계가 민족주의계에 비해 더 선명한 독립운동을 할 수 있었던 이유다. 다만 사회주의계의 독립운동에서는 한 가지를 더 이해해야 한다. 그들의 궁극 목표는 민족 해방을 넘어 공산주의 사회 건설에 있었다. 그래서 당시 '민족' 키워드를 좌익이 아닌 우익(민족주의계)이 갖게 된 것이다.

일제강점기 윤치호의 삶을 어떻게 정리할 수 있을까? 그의 60년 일기를 읽은 나의 판단으로는 이렇다. 윤치호는 식민지 초기에는 일제에 비타협적이었다가 105인 사건 이후로 일본에 관심을 일절 끊었다. 1931년 일제가 만주를 침략하고 만주사변을 기점으로 타협적인 면모를 보이다 1937년 중일전쟁을 기점으로 반민족행위에 참여한 것으로 보인다.

1931년, 1937년 고비의 순간에 그가 있었던 곳

　역사 교과서에서 일제강점기를 보통 1910년대 무단통치기, 1920년대 문화통치기, 1931년 만주사변 이후 병참기지화통치기, 1937년 중일전쟁 이후 민족말살통치기로 분류하곤 한다. 결과적으로 윤치호는 그 시기에 연동해서 태도에 변화를 보였다.

1919년(55세)
　무단통치기의 첫 희생양이었던 윤치호는 감옥에서 나온 후 3·1운동의 민족 대표 서명을 거부하고 이듬해 임시정부에 참여하지 않음으로써 독립운동가들의 기대를 저버렸다.

1931년(67세)
　만주사변 이후 그의 행적에 약간의 변화가 일어났다. 그는 토요회라는 친일 인사들의 친목회에 나가기 시작했다.

　"송진우 군 등의 인사들은 내가 토요회 같은 모임에 관련되는 것을 반대한다. 하지만 전시 상황을 맞이하여 일본인은 비상시국에 처해있으며 아주 철저하게 적과 동지를 구별하고 있다. 나 같은 조선인은 일본인으로부터 적으로 규정되는 것을 감당해낼 재간이 없다. (1931.10.5.)"

그러나 윤치호의 사회 활동은 예전 그대로였다. 아쉽게 윤치호의 일기는 1936년부터 1937년까지 2년 치가 누락되어 있다. 그가 중일전쟁이 발발하던 시점에 어떤 심경이었는지는 정확히 알 수 없다.

1938년(73세)

1937년 중일전쟁 이후 일제는 우리 민족의 목을 완전히 쥐어짰다. 윤치호가 주축이었던 흥업구락부(클럽club의 일본식 발음)를 독립운동 단체로 지목하여 31명을 구속하고 여러 달 온갖 고문을 자행했다. 윤치호는 구속을 피했지만 이들의 석방을 위해 권력자들을 만나 사정해야 했다. 다음은 이 시기의 엄혹한 상황을 보여주는 글이다.

> "학교와 교회의 모든 사람이 황국신민서사를 3번씩 제창하도록 명령이 떨어졌다. 이제 우리는 결심해야 할 것이다. 일본의 신민이 될 것인가. 유럽이나 미국으로 이민 갈 것인가. 아니면 천국에 갈 것인가.(1938.7.26.)"

윤치호는 그중 하나의 길을 택했고 이전과 다른 사람이 되었다. 일본의 대동아공영을 위한 내선일체와 학도병 지원 홍보에 적극적으로 협력하기 시작했다. 독자로서 남은 5년 치 일기는 읽어가기 힘들었다. 그는 1945년 해방 직후 민중으로부터 준엄한 비판을 받는 가운데 같은 해 12월 씁쓸히 사망했다.

만약 그가 마지막 길(일본, 유럽, 천국 중 죽음을 무릅쓴 길)을 택했다면 어땠을까. 선택의 갈림길에서 혹시 자신의 15년 전 일기를 꺼내어 읽었다면 그 마지막 길을 걸을 수도 있었을까.

"20년 뒤, 1943년 5월 14일 나는 어디에 있을 것인가? 나는 몇 번이고 스스로에게 묻는다. (…) 주여, 풀리지 않는 미스터리로 가득한 이 낯선 세상을 떠날 때 미래를 위한 기쁨과 희망을 남길 수 있도록 남은 삶을 살아가게 하소서. (1923.5.14.)"

시간을 기억하는 방법

예전에 '시간'을 주제로 인문학 강좌를 기획한 적이 있었다. 당시 강연을 맡았던 분은 한때 너무 가까운 사이였지만 어떤 일로 인해 두 번 다시 보지 않게 된 지인의 이야기를 꺼냈다. 처음엔 그 사람을 향한 증오의 감정이 앞섰는데, 나중에는 이런 생각이 들었다고 한다. 여전히 그를 다시 보고 싶지 않다, 하지만 그와 알고 지낸 30년 가운데 29년을 둘도 없는 친구로 지냈는데 그 과거까지 부정할 필요가 있겠는가.

그건 내 삶을 부정하는 것 아닌가. 나는 윤치호의 일기장을 덮으며 그 강연을 떠올렸다. 내 비판의 대상은 73세 이후의 윤치호다.

우리는 어떻게 하면 '훌륭하게' 친일 잔재를 청산하고 역사를 바로 세울 수 있을까. 첫 번째는 독립운동으로 목숨을 바치고 희생한 영령들과 그 후손을 예우해야 한다. 그리하여 민족을 위한 희생이 결코 헛된 일이 아니란 것을 우리 스스로에게 증명해야 한다. 둘째는 반민족행위를 정리·공표하여 지금이라도 당사자에게 책임을 묻고 잘못된 역사를 되풀이하지 않기 위한 교훈으로 삼아야 한다. 여기까지는 우리 모두가 아는 내용이다.

다만 둘째 과정에서 주의해야 할 것이 있다. 그들 모두를 '친일파'라는 쓰레기통에 넣어버리면 끝난다고 여기는 단순함이다. 역사를 왜 배우는가? 우리가 역사를 배우는 이유는 누구는 위인, 누구는 매국노라는 하나의 답을 얻기 위해서가 아니다. 인간의 삶과 사회에 대해 좀 더 깊이 있는 '생각'을 하기 위해서 배우는 것이다.

나는 고종과 명성황후 앞에서 근대적 개혁을 위해 직언하던 청년 윤치호를 기억한다. 만민공동회에서 천민 출신을 연사로 세우고 스스로 노비를 해방시켰던 그를 기억한다. 죽음의 고비 속에서 의회 설립으로 근대국가를 꿈꾸었던 그를 기억한다. 을사조약 후 서슴지 않고 관직을 버린 뒤 민영환처럼 목숨을 끊지 못하는 스스로를 자책했던 그의 양심을 기억한다. 벽지에 초등학교를 세우고 수많은 고학생과 유학생을 후원하며 자신의 재산을 쏟았던 그의 기부 정신을 기억한다. 이혼으로 비판받는 여성을 지지하며 남성들을 질타했던 그의 앞선 평등 의식을 기억한다. 한 외래 종교가 이 땅에 뿌리를 내리고 교육과 의료로 봉사할 수 있게 한 그의 수고를 기억한다. 그가 없었어도 누군가 했을 일이었겠지만 그는 그곳에 있었다. 한편, 말년에 그가 그토록 사랑했던 학생들에게 학도병으로 대일본제국의 전쟁에 참여를 독려했던 또 다른 윤치호를 또렷이 기억한다.

어떤 기억으로 나는 그를 비난할 것이다. 또 다른 기억으로 나는 그를 추모할 것이다. 그 상반된 기억들로 오늘의 나를 돌아볼 것이다. 하나의 기억으로 그의 삶 모두를 버리지는 않을 것이다. 그것이 우리 민족이 지나왔던 길을 온전히 비추어 볼 수 있는 자세라고 믿기 때문이다.

○ 사회주의계(좌익)보다 민족주의계(우익)에서 일제와 타협하는 이들이 양산되었다.

○ 국내 민족 실력양성운동은 일제에 선명한 투쟁을 하지 못했다. 그에 대해 비판하되 기여한 부분에 대해서는 평가해야 옳다.

○ 성공적인 친일 청산을 위해서는 '친일'보다 '반민족행위'라는 구체적 용어를 쓸 필요가 있다.

5

'정당'을 다시 보다

독재자의 후예, 토착 왜구,
종북 좌파를 어떻게 이해해야 할까?

보수와 진보, 혹은 여당과 야당의 싸움이 격렬해지면서 서로를 폄훼하고 비방하는 몇 가지 언어들이 만들어졌다. 이런 프레임 유포는 중도층을 자기 편으로 끌어오기 위한 일종의 선거 전략이다. 그런 전략에 말리지 않고 유권자로서 주체적 판단을 하기 위해서는 한국 정당사에 대한 간략한 이해가 필요한데 특히 '민주당'의 역사를 잘 살펴볼 필요가 있다.

'군부독재 후예'의 탄생기

"김영삼의 후예인가, 전두환의 후예인가?"

보수 정당이 5·18 특별법을 제정할 때 미적거리자 진보 정당 측에서 나온 말이다. 1995년, 김영삼 대통령이 광주의 명예를 회복하기 위해 '역사 바로 세우기'란 이름으로 전두환, 노태우 전임 대통령을 구속했던 적이 있었다. 그러니 보수 정당이 김영삼의 정신을 이어받는다면 〈5·18 민주화운동 등에 관한 특별법〉 제정에 협력해야 할 것이 아니냐, 그렇지 않으면 당신들은 광주 학살의 주범인 전두환의 후예가 아니냐는 이야기다.

이처럼 한국의 보수 정당을 비판할 때 자주 등장하는 멘트가 '독재정권의 후예 아니랄까 봐'다. 그런데 김영삼은 본래 전두환 독재정권에 저항하던 민주당맨이었다. 어울리지 않는 두 인물이 어쩌다 한 정당의 역사에 함께 이름을 올리게 되었을까. 역설적이지만 현재의 보수 정당을 이해하려면 민주당의 역사를 함께 살펴보아야 한다. 이때 알아두어야 할 점은, 민주당도 본래 보수 정당이었고 지금도 여타 진보 정당들은 민주당을 그렇게 부른다는 것이다.

그 전에 먼저 보수와 독재 사이에 설정된 관계부터 풀어내자. 우리나라의 헌정사는 이승만, 박정희, 전두환에 이르기까지 독재의 기간이 길었기 때문에 보수 정당을 독재와 관런지어 이해하는 경향이 있다. 그러나 독재는 청산의 대상일 뿐 보수의 정신과는 아무런 관련이 없다.

앞서 에드먼드 버크가 왕정을 옹호하면서 입헌군주정을 근대 국민국가의 형태로 제시했던 것을 떠올려보자. 기존의 왕정은 구성원들이 받아들였던 체제였기에 그에 대한 옹호의 관점이 있을 수 있다. 조선 시대 왕을 향한 백성들의 자세도 그러했다. 그러나 우리 헌정사의 독재자들은 스스로를 독재자라 말하지 않았고, 구성원들은 민주적 절차를 밟지 못한 독재를 받아들여야 했다. 독재는 독재자 이외에 누구도 옹호할 수 없는 체제이며 그저 타도의 대상일 뿐이다.

현재의 보수 정당은 1990년, 전두환, 노태우의 민정당과 과거 민주당의 절반 정도에 해당하는 세력이 합해진, 이른바 3당 합당을 통해 만들어졌다. 독재 세력과 민주화 투쟁 세력이 합한 것인데 그 과정을 잠시 보자.

1987년

대통령을 직접 우리 손으로 뽑기 시작한 해로 지금의 헌법을 만든 해이기도 하다. 이 당연한 투표 행위를 하기 위해 여러 희생이 있었다. 연초에 서울대생 박종철이 물고문을 받다 사망했고, 초여름 연세대생 이한열이 최루탄 파편을 맞고 쓰러졌다. 국민은 분노하며 일어났고 마침내 헌법 개정을 이루어내고야 말았다. 하지만 국민이 직접 투표했음에도 정권

교체의 꿈은 이루지 못했다.

당시 야당이었던 민주당은 후보 단일화에 실패해 통일민주당과 평화민주당으로 분열되었고, 각각 김영삼과 김대중이라는 대통령 후보를 내세웠다. 그 결과 군부독재 세력 중 한 명인 노태우가 어부지리로, 하지만 '민주적인 절차'로 대통령이 되었다. 국민의 손으로 다수의 국민이 원하지 않는 대통령이 탄생한, 민주주의 역사상 가장 허망한 결과였다. 1987년만큼 감격의 상승과 절망의 추락을 경험한 해도 찾기 어려울 것이다.

1990년

김영삼의 통일민주당은 집권 여당인 민주정의당, 또 다른 보수 야당인 신민주공화당과 3당 합당을 단행한다. 이제 독재정권과 싸웠던 민주당의 반쪽이 12·12사태를 일으켰던 쿠데타 세력과 섞여 사라졌다. 그리고 김영삼은 독재 권력의 힘과 타협하여 다음 대통령으로 당선되었다. 본래 정권 교체를 염원하던 국민의 바람은 김영삼과 김대중이 함께하는 것이었는데도 말이다. 바로 이 장면으로 인해서 지금의 보수 정당을 두고 '독재 세력의 후예'라는 말을 하게 되었다.

이 때문에 현재 보수 정당을 지지하는 사람들의 면면을 살펴보면 헷갈림이 생길 수밖에 없다. 과거 군부독재를 지지했던 사람들과 그들에 저항하면서 민주화를 열망했던 사람들이 섞여있기 때문이다. 게다가 김영삼 정부 때 이재오, 김문수 등 골수 노동운동가들까지 합류하여 내부 지형도는 더욱 복잡해졌다.

그러다 보니 보수 정당 지지자 중에는 박정희뿐 아니라 전두환까지 긍정적으로 말하는 이들이 있고 그에 저항했던 광주항쟁을 북한의 사주에 의한 것으로 몰려는 이들도 있다. 주장은 자유이나 이런 움직임이 커질수록 중도층은 보수 정당에서 멀어져 갔다.

'토착 왜구'의 탄생기

2020년 여당인 민주당의 홍영표 의원이 인사 청문회에서 당시 보수 야당을 비판하면서 '군부 쿠데타 세력'이라는 말을 꺼내자 야당 쪽 인사(김근식 경남대 교수)가 이렇게 반박했다.

"자유당과 공화당 때까지 끄집어낼 거면 민주당더러 추악한 친일파 정당 한국민주당(이하 '한민당')의 후예라고 지적해야 하느냐?"

보통 진보 진영이 보수 진영을 비난할 때 사용하는 프레임이 '토착 왜구'인데 이는 친일파의 후예들, 또는 그들을 옹호하는 이들이라는 비난이다. 알다시피 이승만은 친일파를 제대로 처단하지 않은 채 그들을 끌어안고 국정을 운영했다.

또한 박정희도《친일인명사전》에 등재되어 있다.

그런데 먼저 파악해야 할 것은 지금의 보수 정당은 이승만, 박정희와 직접적인 관련이 없다는 점이다. 이승만의 자유당은 1960년 4·19혁명으로 몰락했고, 이후 쿠데타로 집권한 박정희의 공화당은 1979년 10·26사태로 막을 내렸다. 따라서 지금의 보수 정당이 굳이 이승만과 박정희의 친일 이미지를 가질 필요는 없다. 우리가 지금의 보수 정당을 그들과 연결시키는 이유는 보수가 당사黨舍에 그들의 사진을 붙여놓는 등 스스로 그들을 계승하는 자세를 취했기 때문이다.

'토착 왜구'에 대한 보다 공정한 이해를 위해서는 아이러니하게도 진보 진영을 자처하는 민주당의 '보수 야당' 시절의 역사를 들추어야 한다. 민주당의 역사를 거슬러 올라가면 만나게 되는 한국민주당은 어떤 정당일까.

해방 직후 1945년 9월 16일, 국내 독립운동가와 친일파, 지주 등이 중심이 되어 한국민주당을 창당하였다. 겉보기에 전혀 어울리지 않는 이들이 힘을 합할 수 있었던 이유는 반공이었다. 이들은 우선 상하이의 대한민국 임시정부가 우리 민족을 대표한다는 입장을 표방하고 그들의 귀환을 기다렸다. 하지만 그해 겨울, 한민당의 지도부는 귀국한 김구를 만나기 위해 종일 추위 속에서 기다리는 수모를 겪어야 했다.

그들 중 송진우와 장덕수는 각각 1945년 12월과 1947년 12월에 암살당했다. 그들은 신탁통치 결사반대를 주도한 김구와 달리 신중론을 펼쳤는데, 암살범들이 한국독립당 소속이어서 김구가 그 배후에 있다는 의심이 떠돌았다.

한민당은 김구와 갈등을 겪으면서 단독정부 수립을 예고한 이승만의 1946년 6월 정읍발언을 지지했고, 같은 해 7월 친일파 처단과 토지 개혁을 주장한 좌우합작운동을 비판했다. 한민당에는 친일파와 지주들이 속해있었고, 독립운동가였든 아니었든 공산주의를 싫어했기에 취했던 반응이었다. 이렇게 단독정부 수립과 친일파 처리 문제에서 찰떡같이 마음이 맞았던 한민당과 이승만은 어쩌다 정적이 되었을까?

1948년 5·10 총선거에서 한민당은 이승만이 이끄는 독립촉성국민회에 이어 29석을 차지하여 제2당이 되었다. 그런데 이승만은 한민당의 김성수에게 총리 자리를 주겠다는 약속을 지키지 않았고, 장관을 임명할 때도 사전에 약속된 6명이 아니라 1명만 지명했다. 또한 이승만은 공산주의자였던 조봉암을 농림부 장관으로 등용해 농지 개혁을 추진했다. 이 개혁으로 지주들이 큰 타격을 입었으며, 지주들이 속해있던 한민당은 이승만에 반발할 수 밖에 없었다.

분수령은 1955년 이승만이 정권 연장을 위해 정족수 미달의 헌법 개정안을 통과시킨, 사사오입개헌을 자행할 때였다. 한민당은 개헌에 저항하면서 이승만 정부에 투쟁하는 선명 야당으로 자리매김한다. 현재의 민주당은 자신들의 역사를 이승만 독재에 저항하는 1955년을 시작으로 잡고자 한다. 하지만 민주당의 역사를 한민당 창당에서부터 보는 것이 학계의 통설이다.

이런 역사를 가진 민주당이 언제부터 친일파 처단에 목소리를 높이게 되었을까? 민주당이 친일 문제를 적극적으로 거론하는 주체가 된 것은 노무현 정부 시절 86 운동권 세대들이 대거 당에 들어오면서부터다.

'종북 좌파'의 탄생기

"대한민국의 국시國是(국가정책의 기본 방침)는 반공이 아니라 통일이 되어야 합니다."

1986년 김영삼이 이끌던 민주당 소속의 한 의원이 국회에서 이 발언을 했다가 법정 구속되었다. 발언한 의원의 지역구는 대구였다. 지금이야 의외라는 느낌이 들 수도 있지만, 당시 대구는 군부독재에 저항하는 야당 성향이 강했다. 어쨌든 더 말에서 '반공이 아니라'만 뺐어도 큰 문제는 없었을 것이다.

이 파동이 보여주는 바는 당시 대한민국의 국시가 통일이 아니라 반공이었다는 점이고, 제도권 정치에서 여당이든 야당이든 종북 세력은 존재할 수 없었다는 점이다. 박정희, 이승만으로 거슬러 올라가도 다르지 않다. 우리의 소원은 통일, 꿈에도 소원은 통일을 노래했지만 속 내용은 북한의 괴

멸에 대한 염원이었고 그와 다른 이야기를 한다는 건 매우 위험했다. 유일하게 통일에 대한 주장이 '공개적으로' 활발했던 때는 1960년 4·19혁명 직후, 1961년 5·16군사정변 직전의 1년간이었다.

그렇다면 종북 프레임은 언제 형성된 것일까? 학생운동의 역사를 잠시 보자. 1970년대와 1980년대 대학가의 차이를 말하자면, 1970년대 유신 독재 시절에는 사법살인을 자행하던 때여서 민주화 투쟁이나 노동운동이 있기는 했지만 그 세력이 크게 위축되어 있었다는 점이다. 대학 운동권이 활성화된 계기는 1980년 광주민주화운동을 기점으로 시작된 반미자주화운동이었다. 그중에서도 김일성 주체사상을 기반으로 한 주체사상파(이하 '주사파')가 학생운동을 주도하면서 반미 감정이 증폭했다.

말하자면 1980년대 운동권들은 전두환 독재를 타도하려는 민주화운동과 함께 남한을 사회주의국가로 만들고자 하는 혁명을 준비한 셈이다. 하지만 민주화 세력 안에는 이른바 우익과 좌익이 섞여있었고, 민주화운동 세력이 꿈꾸었던 민주화된 세상의 모습이 동일하지는 않았다.

보수 진영이 진보 진영에 '종북'이라는 딱지를 붙이는 이유도 민주당을 장악한 주사파 출신들의 아킬레스건을 건드리고 싶어서다. '아직도 김일성을 추종하느냐', '사상 전향은 했느냐'고 물어보는 것도 마찬가지다. 보수 진영은 유권자들이 진보 진영을 단순히 통일을 원하는 세력이 아닌, 공산주의 사상을 가지고 북한의 지령을 받는 단체라고 생각하기를 원한다. 그러면 유권자들이 진보 진영을 혐오하게 될 테고, 이것이 선거 전략상 유리하다고 생각하기 때문이다.

물론 실제로 대한민국에서 통일운동을 하는 이들 중에 착각을 불러일으키는 단체들도 있긴 하다. 평화를 주장하면서 맥아더 장군 동상을 파괴하고 제주도 강정마을 해군기지 건설이나 사드 배치를 반대하는 등 사실상 통일운동을 반미운동으로 이해하는 이들이 꽤 있다. 그들은 스스로를 명확히 진보라고 부른다.

하지만 보수 진영의 '종북=좌파' 프레임이 21세기의 성공적인 선거 전략일까? 지금까지 선거의 결과를 보면 전혀 그렇지 않다. 그 이유는 다음 몇 가지 때문으로 보인다.

첫째, 과거 독재정권은 민주화 투쟁으로 저항하는 이들을 '빨갱이'라는 딱지를 덮어씌워 인권을 유린해왔다. 그러니 종북 프레임은 그것을 활용하는 이들의 뻔뻔함을 두드러지게 한다.

둘째, 대부분의 시민은 운동권 출신들이 지금도 김일성을 추종한다고 생각하지 않는다. 그들은 공산주의 혁명에 대한 꿈을 버린 지 오래고 다만 남북협력에 의한 새로운 동북아 질서를 꾀하고 있다. 그리고 민족주의에 입각한 통일론은 진보뿐 아니라 중도층에도 상당한 파급력이 있다.

셋째, 양심의 자유를 훼손하는 시도는 불편한 느낌을 준다. 이를테면 지금도 주체사상을 신봉하느냐고 묻는 것은 묻는 입장에서는 꼭 필요한 일이라고 생각할는지 모른다. 그러나 그 사람의 일기장을 몰래 훔쳐볼 것이 아닌 이상 그런 질문은 양심의 자유에 대한 하나의 위협이다. 마음속 깊은 곳에서 그 사람이 어떤 생각을 하는지가 중요하지 않다기보다, 공적으로 물어볼 성질의 것이 아니다. 그 사람에 대한 판단은 평소의 행실을 토대로 유권자들이 선거를 통해 반응하면 된다.

○ 지금의 보수 정당이 군부독재의 후예라는 말은 일부만 맞는 말이다. 군부독재 세력과 민주화 세력이 합해서 만들어진 정당이다.

○ 민주당을 만든 주요 세력 중 한 축은 친일 지주 세력들이다. 1980년대 학생운동 주도 세력이 당을 장악하면서 친일 청산의 목소리를 높이게 되었다.

○ 주체사상파 출신 제도권 정치인들을 비판하기 위해 종북 프레임이 만들어졌는데, 시대가 바뀌어서 중도층의 표를 얻는 데 유리한 전략이 되지 못한다.

6

'부동산'을 다시 보다

정도전의 정신은 남아있는가

서울 역삼동의 한 동짜리 아파트에 살았던 적이 있다. 아파트 앞에 마트로 연결되는 아주 좁은 골목이 하나 있었는데, 우리 아파트의 주민은 모두 그 길로 마트를 다녀왔다. 그 골목은 우리 아파트 옆 다른 브랜드 아파트 단지의 소유였다. 어느 날 그 통로에 높은 펜스가 쳐졌고 그때부터 우리는 마트를 가기 위해 다른 길로 빙 둘러서 도보로 10분 이상을 허비해야 했다. 이후 이사 갈 때까지 그 불편함은 계속되었다. 살면서 이와 유사한 사례에 대한 경험이 있을 것이다. 이처럼 부동산은 분명히 사유재산이지만, 동시에 동산과는 질적으로 다른 재산이다. 이 당연한 관점에서 지난 부동산 정책의 개괄적 역사를 살펴보겠다.

1391년, 정도전이 토지 개혁에 담은 정신

조선왕조 개창을 기획한 정도전의 국가 개조 프로젝트는 토지제도 개혁부터 시작했다. 고려 말 권문세족들이 대토지를 소유해서 백성들이 그들에게 착취당하는 구도가 형성되었고 정도전은 새 왕조 출범과 함께 토지를 백성들에게 나누어주려 했다. 이 '계민수전計民授田(백성들의 수를 세서 토지를 준다)'에 귀족들의 반대까지 감안하여 만든 토지제도가 1391년 시행된 과전법科田法이다.

과전법을 잠시 설명하면, 일단 모든 토지를 국가가 몰수해서 가져간다. 어차피 정치적으로 힘을 잃은 권문세족은 경제적으로도 몰락한다. 이제 모든 땅의 주인은 임금이 되는데, 이를 왕토사상王土思想이라고 한다. 임금은 과거를 거쳐 관료가 된 신진사대부들에게 어떤 구역을 할당하는데, 해당 관료는 그 구역에서 농민들로부터 세금을 걷는 권리인 수조권을 얻게 된다. 당시는 화폐가 일반화되지 않았던 시절이라 이런 형태로 봉급을 대신했다.

예를 들어 당신이 과거에 합격해서 경기도 이천 지역의 땅을 할당받았다고 하자. 그 땅의 소유는 임금에게, 세금을 걷는 권리는 당신에게 있다. 그 구역의 농민들은 가을 수확량의 10%를 당신에게 제공한다. 당신은 그것으로 생활하고 농민들은 나머지 90%를 가지고 생활한다. 농민들 입장에서

10%의 세금은(물론 다른 종류의 세금도 있다) 이대로만 굴러간 다면 불만이 없는 좋은 패턴이다.

이 구도가 지속되면 비록 땅의 소유권을 가지지 않더라 도 백성들은 경작을 하며 직업의 안정성을 보장받는다. 즉 '경작권'이 생긴 것이다. 10% 세금을 내는 경작권이 보장된 다면 '왕토'라는 명칭은 상징적일 뿐 사실상 경작하는 이가 소유권을 갖는다고 할 수 있다. 이를 두고 정도전이 자영농 을 육성했다고 말한다. 그리고 이듬해인 1392년에 조선왕조 가 출범하였다.

그러나 역사가 흘러가는 경향이 대체로 그렇듯, 정도전 의 정신은 16세기부터 변질되기 시작했고, 양반 관료들은 지주화되었다. 왕토의 실질적 소유권은 농민에게서 지주들 로 옮겨갔다. 결국 조선 후기로 가면서 소수의 지주와 다수 의 소작농 구도인 지주전호제地主田戶制가 일반화되었다. 농민 은 수확의 50%를 토지의 주인인 지주에게 뜯기게 되었다. 민생은 어려워졌고, 삼정의 문란으로 인한 다른 세금까지 문 제까지 생겨 민생이 도탄에 빠지고 각지에서 민란이 확산되 었다.

1941년, 일제강점기 조소앙의 삼균주의

바야흐로 조선의 망국 뒤 일제강점기. 당신이 광복을 염원하면서 대한민국 임시정부의 건국 강령을 만들고 있다고 가정해보자. 해방 후 토지문제를 어떻게 해결하고 싶은가? 1941년 공포된 건국강령에는 정치·경제·교육 세 분야에 대한 평등사상이 담겨 있다. 이 삼균주의三均主義를 만든 이가 임시정부의 국무위원을 역임하고 한국독립당을 창당한 조소앙이다.

조소앙은 강령에 대표적인 생산수단이었던 토지의 국가 소유를 명시하였다. 조선에 이어 일제시대에도 이어진 지주제 폐지를 위한 개혁을 단행하겠다는 것으로, 15세기 정도 전의 개혁 정신과 다를 바 없었다. 그리고 토지의 상속과 매매 금지를 규정하였다. 이것이 16세기 이래 500년 가까이 경제적으로 불평등에 처했던 당시 백성들의 여망이자 상식이었다. 혹시 오해하진 말자. 삼균주의를 만들었던 조소앙도, 임시정부의 주석 김구도 반공주의자였다.

1946년, 좌우합작 7원칙의 토지 개혁

1945년 8월 15일. 해방 이후 좌익과 우익은 각각 다른 정부의 모습을 꿈꾸고 있었다. 극심한 대립으로 통일 정부 수립에 대한 위기감이 고조되자 중간 지대 사람들이 물꼬를 트기 위해 나섰다. 중도좌파 여운형과 중도우파 김규식 등이 주도하고 미군정이 후원하여 1946년 좌우합작 7원칙을 공표하였는데, 그중 토지에 대한 원칙은 다음과 같다.

"토지 개혁에 있어 몰수, 유조건 몰수, 체감 매상(정부가 사들임) 등으로 토지를 농민에게 무상으로 분여하여….."

농민에게 토지를 그냥 나눠주려면 기존 소유자의 토지를 국가가 빼앗거나 사들여야 한다. 사들이는 방식은 이렇다. 지주의 경우 스스로 경작할 면적은 남겨두고 그것을 넘는 토지는 정부가 시가대로 매입한다. 이때 대지주의 경우에는 정부가 사들일 토지의 면적이 넓은데, 사들일 토지의 면적이 넓을수록 매입 가격을 할인한다는 것이 체감 매상이다. 대지주에게는 매우 불리한 조항이다.

어쨌든 국가가 토지를 유상으로 사야 한다는 우익의 주장과 무상으로 몰수하라는 좌익의 주장을 절충한 안이었다. 우익 지도자의 반응을 보면 김구는 적극적으로, 이승만은 소극적으로 지지를 표명했다. 그러나 문제는 늘 극단적인 세력에 있으니 한민당과 공산당의 반대는 격렬했다. 다음은 당시 한민당의 논평이다.

"제3조에 있어서 토지제도를 개혁하여 경작 농민에게 분배하는 것은 본 당의 원래부터 주장하는 바이나, 유가 매수한 토지를 무상 분여한다는 것은 국가의 재정적 파탄을 초래하게 될 것이요, 이 재정적 파탄을 면하려면 부득이 농민에게 중세를 과하게 될 것이며 또 무상 분여한 토지는 결국 경작권만을 인정하고 농민의 소유권을 부정하는 결과가 되고 말지니 이는 농민에 대한 일시 기만책이 됨을 불면할 것이다. 이에 본 당은 단호 반대하는 바이다."

어디서 많이 들어본 논리 아닌가? '유상몰수 무상분배면 → 국가 재정 파탄 나고 → 그걸 메우기 위해 증세하면 → 결국 백성들만 괴롭다'는 설명이다. 개혁 입법을 반대할 때 늘 등장하는 이 논리는 바로 이 논평에서부터 출발했던 것 같다.

1950년, 이승만 정부의 농지 개혁

1948년 남한 단독정부를 수립한 이승만 대통령은 1950년, 대다수 국민, 특히 농민들의 오랜 숙원이었던 농지 개혁을 단행한다. 한민당의 반대 속에서 과거 공산주의자였던 조봉암을 농림부 장관으로 세워서 밀어붙인 개혁이었다. 개혁의 내용은 다음과 같다.

· 농지의 소유 상한은 3정보(약 3만㎡)
· 초과 농지는 유상매입 · 유상불하

· *지주에게 평년작의 150%를 지가증권으로 지급*
· *농민은 30%씩 5년간 분할 상환*

간단히 말해 소작농의 경우 경작하던 농지의 연간 수확량 30%를 5년만 내면 자기 농지를 갖게 된다는 말이다. 무상분배까지는 아니지만 수확량의 50%씩 지주에게 평생 상납하던 시절과 비교하면 대단한 개혁이었다. 반면 지주에게 땅에 대한 보상으로 지급되는 지가증권의 가치는 높지 않았다. 결국 농지 개혁은 농민들에게는 혜택이었지만 지주들에겐 손해였다.

이로써 대한민국은 자영농의 나라가 되었다. 1945년 말총 경지 면적의 35%에 불과했던 자작지가 1951년 말에는 96%로 급등했고, 전통적 지주제는 해체되었다. 1950년에 실시된 이 개혁이 없었다면 우리나라는 6월 한국전쟁 발발 후 금방 공산화되었을 것이라고 보는 견해도 있다.

이제 1391년 과전법부터 1950년 농지 개혁에 이르기까지 600년 가까운 논의의 핵심이 무엇인지 잠시 정리해보자. 그 기간 우리는 농업 국가였고 '생산수단을 일하는 노동자가 골고루 나누어 가지는 것이 마땅하다'는 경자유전耕者有田의 원칙을 공유하고 있었다. 이를 실현하기 위해서는 첫째, 소유권을 가져오는 작업과 둘째, 나누어주는 작업이 이루어져야 한다. 소유권을 가져올 때 대가를 어느 정도 쳐줄지가 문제가 되었지 그 소유권을 국가가 가져오는 데는 문제가 없었다. 또한 나누어줄 때 어느 정도 받고 나누어줄지가 문제가 되었지 그 소유권을 나누어주는 데는 문제가 되지 않았다. 이는 서구에서 유입된 공산주의와 무관하며 우리 역사에서 민생 안정을 위해 취해온 전통적 입장이었다.

2021년, 그들의 정신은 남아있는가

그로부터 70년이 지났다. 아니, 70년밖에 지나지 않았다. 어떤 변화가 생겼을까. 미군들에게 초콜릿을 달라고 쫓아다니던 아이들은 성장하여 기적 같은 산업화를 일궈냈고 농지의 소유권이나 경작권이 중요한 시대는 지나갔다. 대신 다수의 국민은 '마음 편히 발 뻗고 누울 권리'를 위협받고 있다.

특히 사회에 첫발을 내딛는 청년의 경우, 재테크와 자기계발에 써도 모자를 상당한 금액을 월세라는 명목의 선수금으로 떼이면서 살아간다. 청년층이 결혼을 하지 않는 이유가 여기에 있다고 해도 과언이 아니다.

주거권이 해결된다고 하더라도 부동산 시세 차익에 의한 부의 축적은 또 다른 문제다. 잠시 자본주의에 입각해서 생각해보자. 사적으로 소유하고 국가를 포함한 타인이 함부로 빼앗을 수 없는 돈은 어떤 것일까? 그렇다. 자신이 '정당한 방법'으로 번 돈이다. 이제 '정당한 돈'에 대한 범주를 생각해보자. 부모는 모은 재산을 자식에게 물려준다. 유산은 스스로 번 돈이 아니니 자랑할 것까지는 아니지만, 어쨌거나 자식은 부모가 정당하게 번 돈을 정당하게 이양받았다. 그것을 정당하게 보는지 아닌지에 따라 자본주의와 공산주의가 나뉜다고 볼 수도 있다.

그렇다면 부동산 매매 차익은 정당한 수입에 해당할까? 그것이 정당하기 위해서는 다음 두 가지 질문에 답할 수 있어야 한다.

첫째, (토지든 상가든 주택이든) 부동산은 온전히 개인의 것인가? 그럴 리가 없다. 어떤 토지도, 공간도 최초에는 자연의 것이었다. 어떤 연유로 땅문서를 갖게 되었다고 해서 100% 그 사람의 것이라고는 할 수 없다. '부동산不動産'이라는 말 자체가 동산과 달리 그 자체로 공공성을 함의하고 있다. 만약 세월이 지나 부동산 가격이 올라 차익이 형성되었다면 그 차익 역시 100% 그 사람의 것이라고는 할 수 없다고 보는 게 상식에 부합한다.

둘째, 부동산 투자(혹은 투기)는 누구나 할 수 있는가? 국민 모두가 돈만 있으면 부동산 시세 차익을 노리는 현실에서 투자와 투기를 구분하지는 않겠다. 이미 우리는 부끄러움에 대해서는 생각할 겨를이 없다. 다만 이 행위가 최소한의 사회적 정당성을 얻기 위해서는 주식시장처럼, 가상화폐시장처럼 모든 사람에게 개방되어 있어야 한다. 다시 말해 모두가 투자나 투기를 할 수 있어야 한다.

부모로부터 상당한 돈을 상속받은 사람, 혹은 갭투자라도 가능한 사람, 혹은 영끌을 해서라도 가능한 사람까지만 참여할 수 있는 시장은 선택받은 멤버십 클럽과 다를 바 없다. 우리나라처럼 작은 땅덩어리에, 그 안에서도 수도권이라는 한정된 범주에서, 매우 한정된 사람들만 평생 저축으로도 모을 수 없는 돈을 시세 차익으로 벌어들이는 사회가 있다면, 그 사회는 그냥 내버려 둘 수 없다. 사회 구성원 간의 공정한 경쟁을 크게 왜곡하고 있기 때문이다.

이러한 매매 차익의 정당성에 대해 우리는 이승만의 농지 개혁 이후 한 차례도 국민적 합의를 하지 않았다. 노태우 정부 때 국가가 토지의 소유와 처분을 공공의 이익을 위해 제한할 수 있다는 토지공개념土地公槪念이 진지하게 논의된 적이 있다. 이는 최소한 30년 전에는 좌익, 우익을 막론하고 '부동산은 공공적 성격의 재산'이라는 기본적 공감대가 있었다는 것을 보여준다. 1987년 대선을 앞두고 급하게 헌법을 개정하지 않았다면 아마 이 개념이 헌법에 좀 더 구체적이고 명시적으로 들어갔을 확률이 높다.

당시의 공감대란 무엇이었을까? 부동산 시세 차익은 드러내기 뭐하다, 당당하고 정당한 수익이 아니다, 다시 말해 좀 부끄러운 수익이라는 인식이다. 알다시피 세월이 흘러 이 공감대는 무너졌다. 인사 청문회 때 청문회 대상에게 늘 던지는 '부동산 투기를 하지 않았느냐'는 질문은 경기 전 선수들이 몸 풀 듯 거치는 통과의례가 되었을 뿐이다. 질문을 받은 사람은 자신의 자산에 조금이라도 손실이 올 것 같으면 기계적으로 '우리 자본주의국가 아니냐'는 대응을 한다. 그렇다. 농지 개혁을 한 이승만 때도, 토지공개념을 추진한 노태우 때도, 지금도 이곳은 언제나 자본주의국가다. 자본주의에 대한 생각이 다를 뿐이다.

정도전의 정신은 살아있는가? 지금 우리 사회는 부동산을 소유한 사람과 얹혀있는 사람으로 계층이 나뉘어있다. 그리고 부동산에 관해 정치인들은 두 부류로 나뉘어있다. 하나는 정의감에만 사로잡혀 사태를 악화시키는 무능하고 용감한 이들, 다른 하나는 그들을 비판하고 조롱하면서 그냥 내버려 두자는 게 유일한 대책인 이들.

당신의 목소리를 원한다

이상 근대화, 친일, 프레임, 부동산 네 가지 주제에 대한 생각을 풀어보았다. 기존의 좌우 프레임에 젖어있는 이가 볼 때에 어떤 생각은 보수, 어떤 대목은 진보 성향이라고 평가할 것이다. 레이코프 같은 이는 나를 '이중 개념 소유자'라고 부를 것이다. 그러나 프롤로그에서 밝혔듯이 이런 주제들을 좌우 프레임으로 엮는 것은 그 자체 논리적으로 설명되지 않는다. 나는 그 프레임에서 벗어나 내 생각을 이야기했을 따름이다.

사실 독자 입장에서야 내 견해가 무엇인지는 하등 중요하지 않다. 그저 이 장의 제목이 '정치적 개인주의자'여서 어느 개인주의자의 사고방식을 예시로 제공했을 뿐이다. 이제 이 글을 읽어온 이들의 생각을 들어보고 싶다. 그동안 언론을 통해 양쪽 진영의 스피커들이 앵무새같이 떠드는 이야기들을 듣느라 지겹고도 지겨웠다. 진영의 목소리가 아닌, 바로 당신의 목소리를 듣고 싶다. 그리고 토론하고 싶다.

○ 정도전의 과전법, 조소앙의 삼균주의, 이승만의 농지 개혁은 모두 국민(농민)에게 토지를 나누어주려 했다. 노태우 정권은 토지공개념을 도입하려고 했다.

○ 이는 공산주의와 무관한 부동산에 대한 전통적인 국민적 공감대였다.

○ 모두에게 기회가 부여되지 않는 한 부동산 시세 차익은 정당성을 확보할 수 없다.

정치적 개인주의 선언

투표장에서
홀로서기

어릴 때는 내가 진보주의자인 줄 알았다. 세상이 바뀌기를 바랐고 어떻든 별로 잃을 건 없다고 생각했다. 보수는 기득권과 부패의 이미지가 있었고 또 왠지 나이 어린 보수는 일단 폼이 나지 않았다. 살다 보니 오래된 물건과 지나간 기억에 애착을 갖는 보수적인 성향을 발견했다. 한때 세상을 향해서는 진보, 생활 속에서는 보수라는 그런 관념을 가졌던 적도 있다.

하지만 테이크 아웃 커피잔과 버려지는 휴대폰 단말기는 어디로 가는지 궁금해하는 소심함에서, 내가 혹시 환경주의자는 아닌가 싶었다. 그런데 보수는 친기업, 반환경 아닌가. 생활 속 보수라는 정체성은 일부 수정해야 했다.

또 FTA에 대해 극렬히 저항하는 진보주의자들을 보면서 내가 그리는 더 나은 세상과는 거리가 있다는 것을 알았다. 세상을 향해서는 진보라는 정체성도 일부 수정해야 했다. 그런데 나야 일부 수정하면 되는지 모르지만, 그 사안에 대해 그런 입장을 갖는 순간 그들은 아무도 나를 같은 편으로 생각하지 않았다.

'정체성과 나'라는 주제로 스스로에 대해 생각해보면 누구나 이와 유사한 경험을 할 것으로 생각한다. 우리는 각자 누구 하나 똑같지 않은 반면, 사회에서 통용되는 진보와 보수는 매우 규격화된 매뉴얼을 갖고 있기 때문이다. 둘을 명쾌하게 가르는 기준선은 누가 그었고 매뉴얼은 누가 만들었을까? 스스로를 진보주의자, 보수주의자라고 강하게 말하면 말할수록, 나는 그 사람이 혹시 '스스로에 대한 성찰이 부족하지는 않나' 하는 의구심을 갖곤 한다. 그가 로봇이 아니라면 말이다.

이야기가 나온 김에 로봇이란 단어를 처음 사용한 카렐 차페크의 책《평범한 인생》에는 주인공이 스스로의 여덟 가지 정체성을 고백하는 대목이 나온다. 자연 친화적이고 목가적인 삶을 사는 나, 남들보다 더 많은 걸 갖고 싶어 하는 탐욕스러운 나, 우울증 환자로서의 나, 낭만주의자로서의 나, 어둡고 은밀한 걸 좋아하는 나, 시인으로서의 나, 영웅적인 면모를 추구하는 나, 거지 같은 나. 그리고 이렇게 말한다.

"이 여덟 명의 나는 하나의 나를 이루는 집합체이며 그때그때 각각의 나 중 하나가 나타나 '내가 자아'라는 깃발을 들고 내가 된다."

평범한 인생을 사는 나나 당신이나 속을 까고 보면 그 안에는 틀림없이 진보적인 나, 보수적인 나, 중도적인 나가 있을 것이다. 어떤 나가 '내가 자아'라고 외치더라도 중요한 건 바로 '나' 아닐까. 진보, 보수, 중도는 관념일 뿐 실체가 없다. 있는 것은 오직, 당신이라는 실존뿐이다.

"선에도 빠져들면 안 된다. 사람들이 빠져버린 선은 도덕적인 성질을 잃게 된다. 그 자체가 나빠서가 아니라 우리가 그것에 빠져버렸으므로 그것이 나쁜 결과로 발전하기 때문이다."

정신분석학자 카를 융은 위와 같이 말하면서 알코올, 마약, 이상주의 모두 집착하면 악이 된다고 경고했다. 이 책의 제목(좌파와 우파의 개소리들)은 위 문구에서 그 원인과 답을 찾을 수 있다.

아무리 좋은 뜻도 빠져들면, 매몰되면 악으로 흐를 수 있다. '나는 진보야', '나는 보수야'라고 믿으면서 상대편을 악의 세력으로 규정하는 이들이 스스로를 가둬놓는 경계선을 과감히 지울 때 세상은 넓어지고 사유는 자유로워질 것이다. 개소리는 잦아들고 세상의 짜증은 줄어들 것이다.

'나는 중도야'라고 생각하던 이들도 진보와 보수를 가르는 기준선 자체를 인정하지 않으면, '나는 그냥 나'임을 더 명확히 인지하게 될 것이다. 그렇게 투표장에서 홀로 설 수 있을 때 우리가 행사하는 한 표 한 표는 우리의 민의를 가장 정확히 담아낼 수 있을 테다.

끝으로 오해가 없었으면 좋겠다. 이 책은 진영 논리를 벗어나자는 메시지를 전할 뿐 무당파를 권유하는 건 아니다. 혹시 어떤 정당의 지지자인가? 진영 논리를 벗어날 때 당신은 당의 발전과 선거의 승리를 위한 훌륭한 구성원, 또 건설적인 토론을 독려하는 촉매자가 될 것이다.

선거일이 다가오고 있다.
이 책이 당신의 선택에 보탬이 되기를.

참고문헌

1장 대한민국 보수도 틀렸고 진보도 틀렸다

— 마르크스·엥겔스 지음, 심철민 옮김, 《공산당 선언》, b, 2018, p.15, p.18, p.47, p.51

— 마이클 샌델 지음, 이창신 옮김, 《정의란 무엇인가》, 김영사, 2010, p.222

— 마이클 샌델·폴 담브로시오 지음, 김선욱·강명신·김시천 옮김, 《마이클 샌델, 중국을 만나다》, 와이즈베리, 2018, p.315-324

— 애덤 스미스 지음, 박세일·민경국 옮김, 《도덕감정론》, 비봉출판사, 2009, p.158, p.443, p.492, p.277

— 에드먼드 버크 지음, 이태동 옮김, 《프랑스혁명 성찰》, 동서문화사, 2019, p.77, p.104,

— 유벌 레빈 지음, 조미현 옮김, 《위대한 논쟁: 보수와 진보의 탄생》, 에코리브르, 2016, p.52, p.88, p.124, p.169, p.219

— 존 스튜어트 밀 지음, 박문재 옮김, 《자유론》, 현대지성, 2018, p.31, p.59, p.163, p.188, p.205, p.236, p.254

— 토마스 페인 지음, 남경태 옮김, 《상식》, 효형출판, 2012, p.105-106, p.109

— 〈이문열의 절박한 한자복권론〉, 《월간 조선》, 1999년 7월호

2장 대한민국 정치, 개소리에서 벗어나는 법

— 아리스토텔레스 지음, 이창우·김재홍·강상진 옮김, 《니코마코스 윤리학》, 이제이북스, 2008, p.66

— 유발 하라리 지음, 김명주 옮김, 《호모 데우스》, 김영사, 2017, p.512

— 유발 하라리 지음, 전병근 옮김, 《21세기를 위한 21가지 제언》, 김영사, 2018, p.90, p.96, p.99, p.126, p.129, p.390

— 조지 레이코프 지음, 유나영 옮김, 《코끼리는 생각하지 마》, 와이즈베리, 2015, p.10-11, p.52-53

— 고원, 〈안철수 중도정치의 효과성에 관한 연구: 방향이론(directional theory)의 관점을 중심으로〉, 《한국정치연구》 23, 서울대학교한국정치연구소, 2014

3장 정치적 개인주의 선언

— 아리스토텔레스 지음, 이창우·김재홍·강상진 옮김, 《니코마코스 윤리학》, 이제이북스,
  2008, p.56, p.66, p.73, p.75
— 윤치호 지음, 박정신·이민원·박미경 옮김, 《(국역)윤치호 영문일기 1-7》, 국사편찬위
  원회, 2014~2016
— 윤치호, 《국역 윤치호 일기 1》, 연세대학교 출판부, 2004, p.80, p.151, p.196, p.206

에필로그 투표장에서 홀로서기

— 카렐 차페크 지음, 송순섭 옮김, 《평범한 인생》, 리브로, 1998
— 카를 융 지음, 조성기 옮김, 《기억 꿈 사상》, 김영사, 2013, p.579

좌파와 우파의 개소리들

2021년 11월 15일 초판 1쇄

지은이   이관호
펴낸이   박영미
펴낸곳   포르체

편 집   류다경, 원지연
마케팅   문서희, 유주윤
디자인   이정빈

출판신고 2020년 7월 20일 제2020-000103호
전   화 02-6083-0128
팩   스 02-6008-0126
이 메 일 porchetogo@gmail.com
포 스 트 https://m.post.naver.com/porche_book **인스타그램** www.instagram.com/porche_book

ⓒ 이관호(저작권자와 맺은 특약에 따라 검인을 생략합니다.)
ISBN 979-11-91393-44-6 (03300)

여러분의 소중한 원고를 보내주세요.
porchetogo@gmail.com